Vorwort

Gute Montessori-Praxis braucht die respektvolle Haltung gegenüber dem Kind, eine theoretisch gut reflektierte Praxis und nicht zuletzt das Montessori-Material.

Die Verknüpfung dieser Bereiche und die Einbettung der „Materialarbeit" in einen gesamtpädagogischen Rahmen ist die Aufgabe von Montessori-Diplomlehrgängen.

Dieses Handbuch ist daher kein Ersatz für einen Lehrgang.

Für die NutzerInnen soll es jedoch ein hilfreiches Werkzeug sein. Es soll sie bei ihrem Lernen begleiten, sie für die Umsetzung ermutigen und ihnen in der Praxis einen sicheren Rückhalt geben.

Danken möchte ich Margit Gruber und Ingrid Laube für ihre Mithilfe und den intensiven Austausch von Erfahrungen und Sichtweisen im Entstehungsprozess.

Dank auch an Renate Ellmerer, Gerrit Kapferer und Maria Neuhauser für die genaue Durchsicht des Manuskripts und die hilfreichen Rückmeldungen.

Wilhelm Weinhäupl

Pädagogin – Pädagogin, Erzieherin – Erzieher, Erwachsene – Erwachsener?

Welche Bezeichnung soll für die handelnde, erwachsene Person gewählt werden?
Welche Aufgabe, welche Rolle wird ihr über die gewählte Bezeichnung zugedacht?

Ich habe mich für Leiterin entschieden. Treffender als die anderen umreißt diese Bezeichnung die Aufgabe, die Montessori der/dem Erwachsenen zuschreibt, nämlich das Kind anzuleiten, seinen Weg zum Erwachsensein selbst zu gehen.

Frauen sind in den Lehrgängen und auch in der pädagogischen Praxis die überwiegende Mehrheit, daher wurde die weibliche Form gewählt, selbstredend ist auch immer das andere Geschlecht gemeint und mitgedacht.

Dr. Wilhelm Weinhäupl

· Volks- und Hauptschullehrer

· Professor an der Pädagogischen Akademie des Bundes in Salzburg

· Wichtige Lernerfahrungen während der zwanzigjährigen wissenschaftlichen Betreuung des Montessori-Standortes Liefering in Salzburg

· Lehraufträge zur Didaktik der Mathematik an der Freien Universität Bozen

· Schulbuchautor für Geographie und Wirtschaftskunde und Mathematik an der Volksschule

· Dozent für Theorie, Kinderhaus und Mathematik in Montessori-Diplomlehrgängen

· Leiter von Montessori-Diplomlehrgängen in Salzburg, Südtirol und Slowenien

· Publikationen zur Reformpädagogik

Margit Gruber

· Kindergarten- und Horterzieherin

· Dozentin für Kinderhaus in Montessori-Diplomlehrgängen

Mag. Ingrid Laube

· Diplom-Pädagogin

· Dozentin für Theorie und Kinderhaus in Montessori-Diplomlehrgängen

· Mitarbeiterin im Montessori-Kinderhaus „Das kreative Kind"

A. Übungen des praktischen Lebens
Einführende Erläuterung

Von klein auf beobachtet das Kind, wie andere mit den Händen die Welt nach ihrem Willen gestalten und sei es nur, um Butter auf das Brot zu streichen, ein Glas mit Wasser zu füllen oder einen Schuh so richtig blank zu polieren. Es spürt dabei seinen Mangel an Kompetenz und erlebt in zahlreichen Verrichtungen seine Abhängigkeit von anderen.

Der Antrieb, diesen Mangel zu überwinden und selbst „Kontrolle" über die Dinge zu erlangen, ist Grundlage für die ausdauernde und intensive Arbeit mit den Materialien zu den „Übungen des praktischen Lebens".

Bei unseren didaktischen Überlegungen soll der Fokus nicht allein auf die Einübung von Bewegungsmustern gerichtet sein. Das wäre zu kurz gegriffen. Die Muskelbewegung ist das Resultat bewusster Beobachtung und willentlicher Steuerung, sie bilden den Kern des Lernprozesses. Die motorische Ausführung ist die Folge daraus.

Denken ordnet das Tun. Ohne Denken ist erfolgreiches Handeln nicht möglich.

Der Zweck einer Handlung, ihr Warum, ist in der Regel für ein Kind leicht zu erkennen und zu verstehen. Doch bevor es eine beobachtete Handlung in eigene Muskelbewegungen umwandeln kann, muss es ihm möglich gewesen sein, Teilhandlungen als solche wahrzunehmen und ihre sachlogische Abfolge zu durchschauen.

In der Hektik des täglichen Lebens ist das oft nur begrenzt möglich. Bei der Einführung in den Gebrauch der Materialien zu den Übungen des täglichen Lebens wird durch die Leiterin auf diesen Umstand besonders Rücksicht genommen.

Jede Lektion ermöglicht dem Kind das Erfassen und die gedankliche Verarbeiten des Handlungsablaufes.

Prinzipien für die Gestaltung einer Materiallektion:

· Analyse der Bewegung: die Leiterin zerlegt den Handlungsablauf in sinnvolle und leicht zu erfassende Teilschritte
· Verlangsamung der Bewegung bis hin fast zur Zeitlupe
· Gänzlicher Verzicht auf sprachliche Begleitung
· Isolierung der Schwierigkeit (ein Material ein Zweck)
· Präzise und ökonomische Bewegungen
· Wiederholung

Folgende Phasen lassen sich beim Kind beobachten:

Im Nachahmen, Probieren und Wiederholen erschließen sich allmählich der Ablauf und der innere Zusammenhang. Freude am Tun! Im Vordergrund steht die Funktionslust. Der eigentliche Zweck ist noch nicht der Grund für die Ausführung der Handlung.

Zweckgerichtetheit der Handlung. Das Kind schneidet die Früchte, weil es einen Obstsalat zubereiten möchte.

Befriedigung des Bedürfnisses nach Perfektionierung, Automatisierung und Harmonisierung der Bewegungsmuster durch wiederholtes Üben.

Das Kind bringt seine erworbenen Handlungskompetenzen für die Gruppe ein. Es verteilt Suppe an andere Kinder.

Die Übungen des praktischen Lebens wirken auf drei Zielebenen:

1. Handlungsfähigkeit

· Das Kind lernt, tägliche Verrichtungen selbst auszuführen. Es erweitert Schritt für Schritt seinen Kompetenzradius.

2. Kognitive Förderung

· Genau beobachten
· Wesentliches von Unwesentlichem unterscheiden
· Folgerichtig denken
· Einen Handlungsplan durch eigenes Tun in Wirklichkeit verwandeln

3. Persönlichkeitsbildung

· Selbstsicherheit im Ausführen von alltäglichen Handlungen
· Unabhängigkeit von „helfenden" Händen
· Ausbau der Selbständigkeit und damit Stärkung des Selbstwertgefühles

I: Maschen binden – eine Analyse der Bewegung

Das Kind sitzt links neben der Leiterin. Bedächtig, präzise und ohne Worte macht die Leiterin Schritt für Schritt vor.
Das Kind nimmt die Information unmittelbar über das Auge auf.
Auf die zusätzliche Vermittlung durch ein zwischengeschaltetes Zeichensystem (=Sprache) kann verzichtet werden.

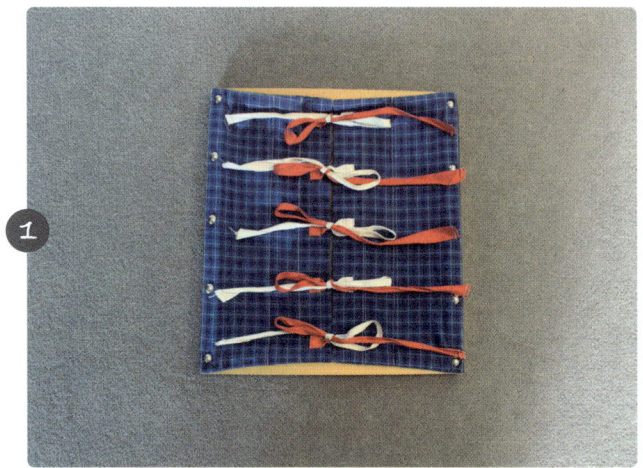

Die Maschen sind gebunden.

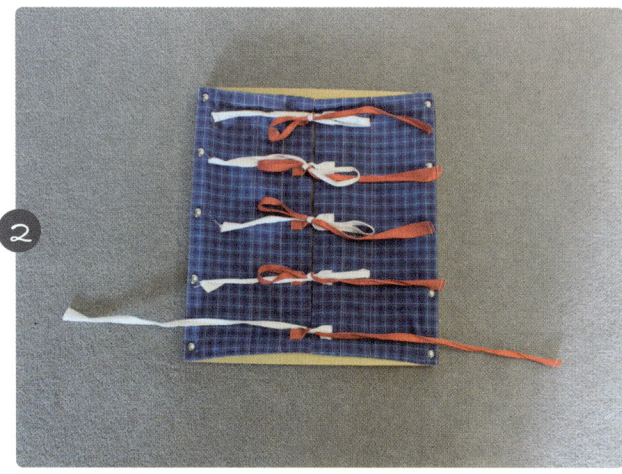

Öffnen: Von unten beginnend …

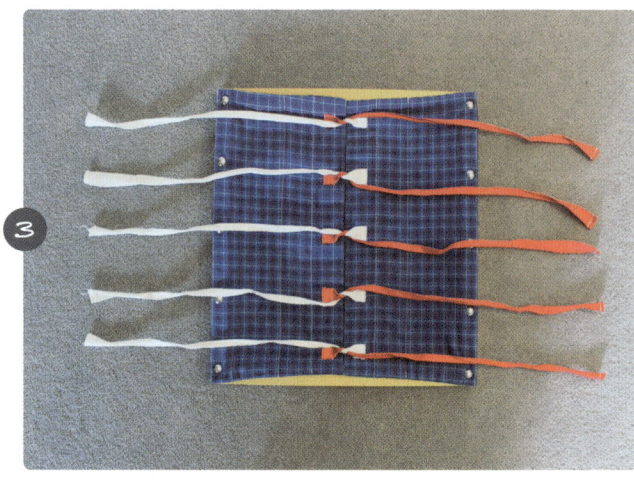

… die Schleifen auseinanderziehen.

Die Knoten mit dem Zeigefinger aufziehen. Zeige- und Mittelfinger der anderen Hand halten die Stoffteile nieder.

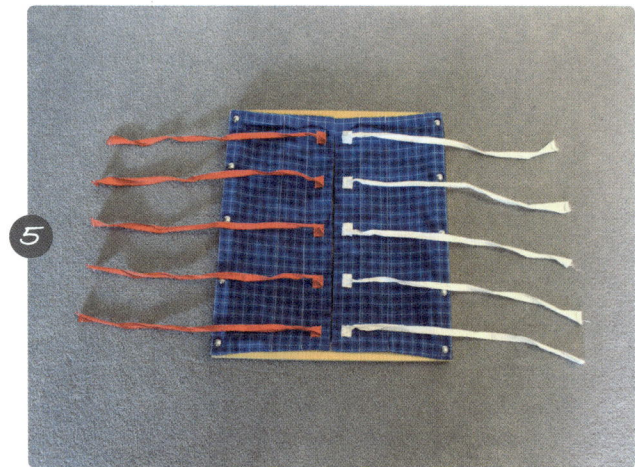

Jeden Schritt fünf Mal wiederholen.

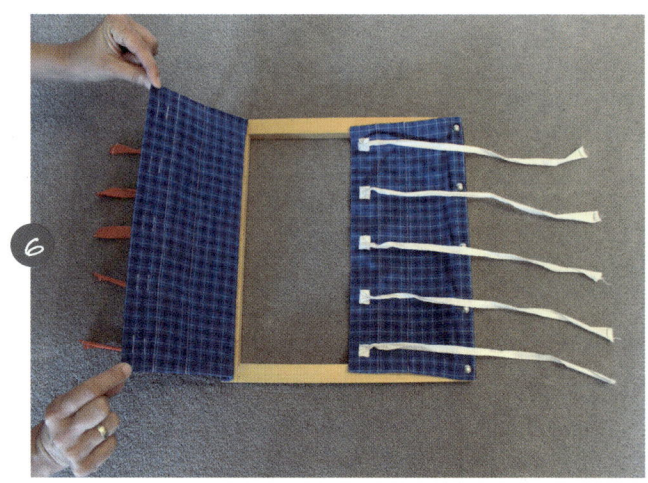

Stoffe öffnen und wieder schließen.

Der Handlungsablauf gliedert sich in zwei Hauptteile, die sich durch ihren Zweck unterscheiden.

1. Öffnen
2. Binden der Maschen

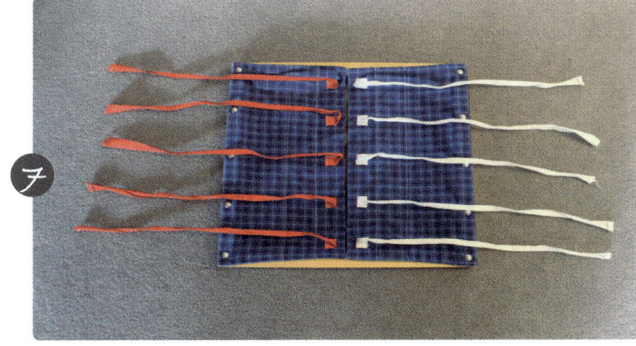

Start in das Binden der Masche.

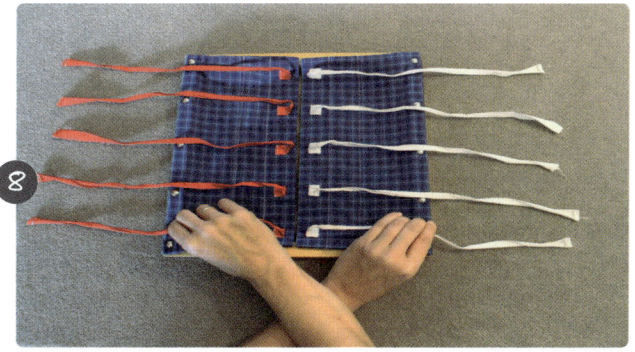

Überkreuz die Bänder greifen und ...

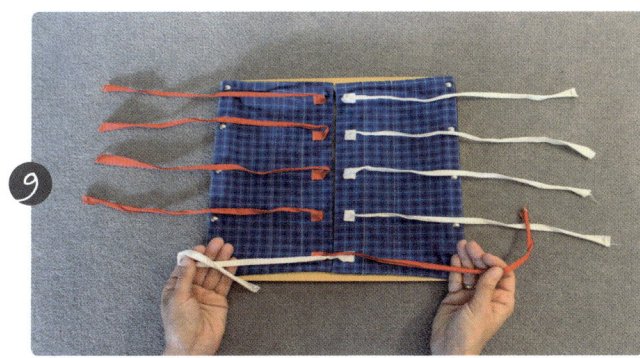

nach links und rechts ziehen.

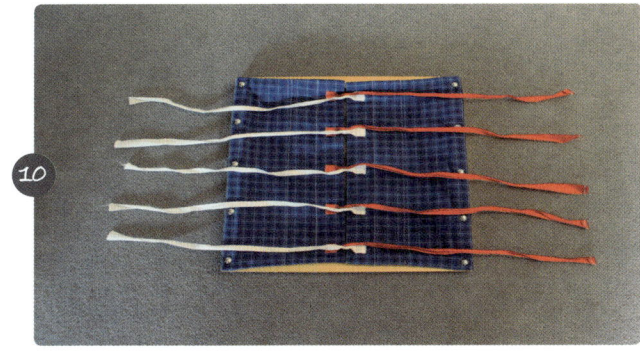

Alle Bänder sind gekreuzt.

Bogen für Knoten anheben und halten.

Rotes Band unten durchschieben,

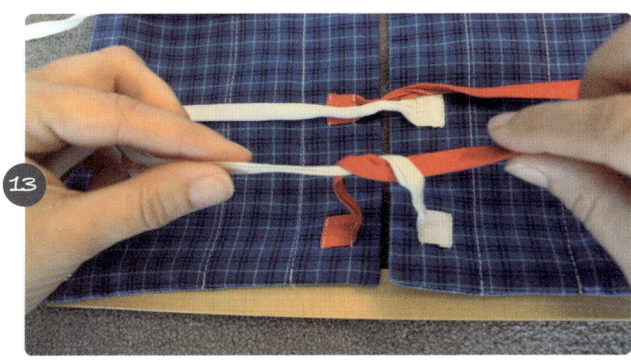

umgreifen und ...

Knoten festziehen.

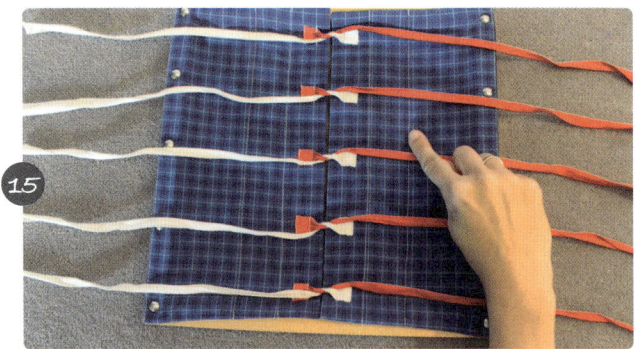

Die Naht zeigen.

Über der Naht das rote Band greifen

und zur Schlaufe falten.

Weißes Band um die Schlaufe legen,

… dann durch die Lücke schieben.

Umgreifen, beide Schlaufen fassen,

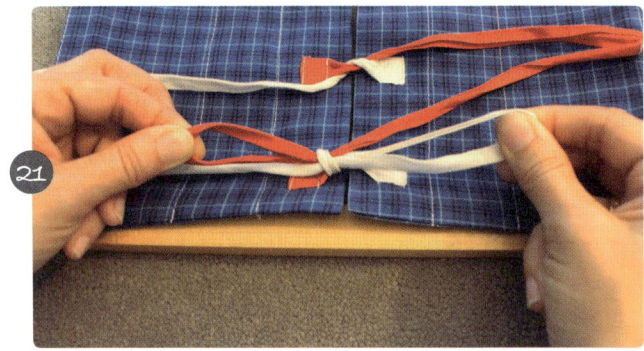

… gegengleich auseinanderziehen.

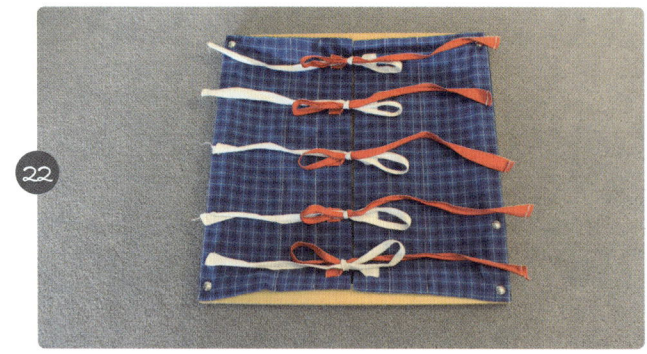

Fertig!

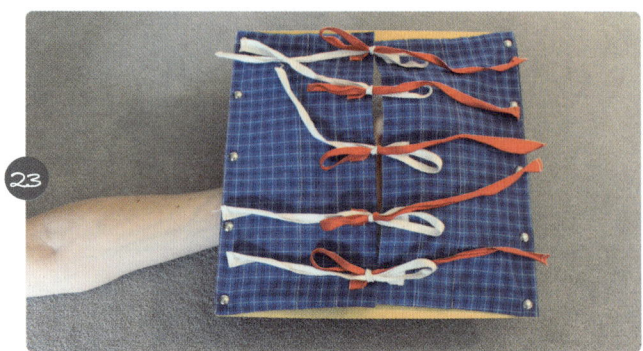

… und zur Kontrolle von unten anheben.

2. Übungen des praktischen Lebens in Handlungsfeldern

Unser Alltag ist voll von Verrichtungen, die einmal gelernt und geübt werden müssen, bis sie so in Fleisch und Blut übergegangen sind, dass kaum ein Gedanke an sie verschwendet werden muss und sie doch gelingen.

Wird diese schier unbegrenzte Zahl an Handlungsmotiven ansprechend präsentiert und ist ihr Zweck gut erkennbar, so ist für Kinder die Motivation groß, sich die Welt der täglichen Routinen selbst zu erschließen.

Handlungsfelder:

Motorische Übungen - Handgeschick

gehen, tragen, öffnen, schließen, aufhängen, schneiden, klammern, gießen, spitzen, schälen, falten, knüpfen, binden, lochen, schrauben, bohren, hämmern, ...

Pflege der eigenen Person

Hände waschen, Zähne putzen, selbständig an- und ausziehen, Schuhe abtreten, Nase putzen, Toilette benutzen, Kleider und Handtücher aufhängen, ...

Pflege der Umgebung

waschen, kehren, wischen, trocknen, saugen, aufräumen, aufdecken und abräumen, füttern, graben, schaufeln, gießen, ...

Soziales Miteinander

begrüßen, verabschieden, bitten, entschuldigen, zuhören, nein sagen, fragen, zu Wort melden, um Hilfe bitten, ...

Beispiele und Ideen

Arbeit mit dem Löffel

Löffeln

Füttern

Trennen

Arbeit mit der Pipette

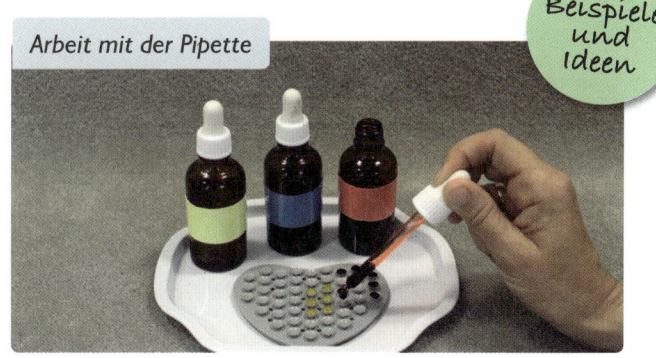

Mit Hilfe der Pipette auf die Noppen der Seifenunterlage Farbtropfen ablegen.

Ein buntes Durcheinander, aber auch ein besonderes Muster ist möglich.

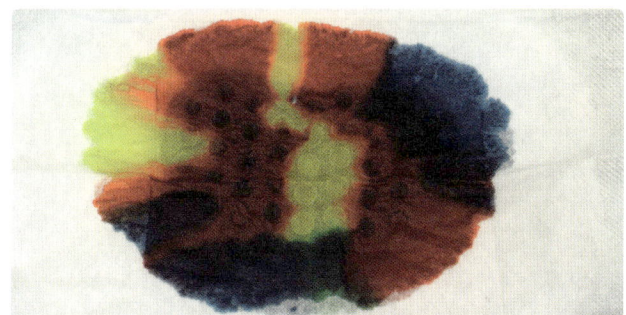

Mit saugendem Papier das Muster aufnehmen.

Von groß nach kein ....

... steigert sich ...

... die Schwierigkeit.

a

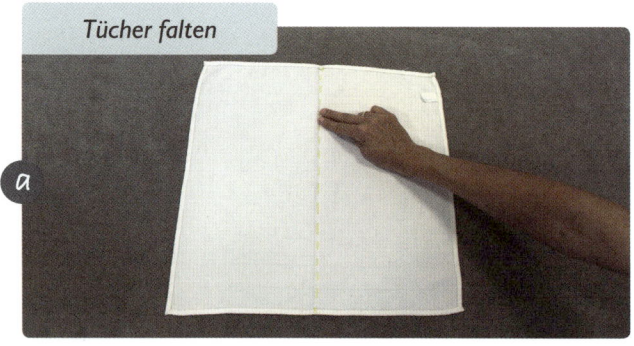

Tuch ausbreiten und mit den Fingern die farbige Faltnaht nachspuren.

b

Mit beiden Händen eine Hälfte langsam über die andere ziehen.

c

Die Falte glatt streichen.

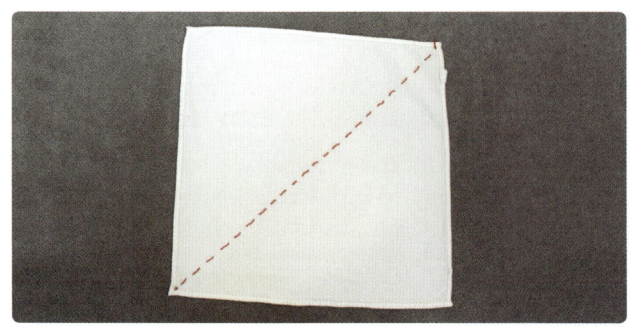

Über die Diagonale falten.

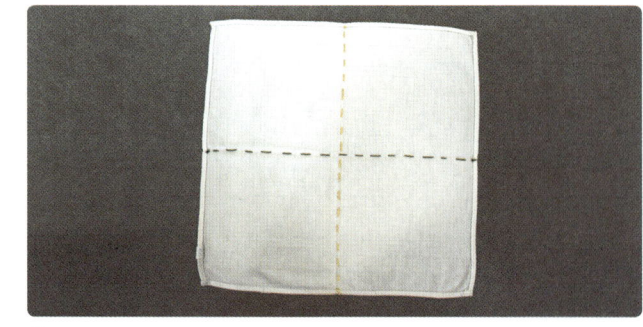

Über die Seiten doppelt falten.

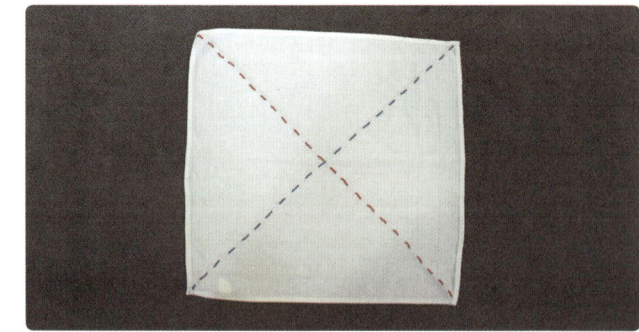

Über die Diagonalen doppelt falten.

Zopf flechten

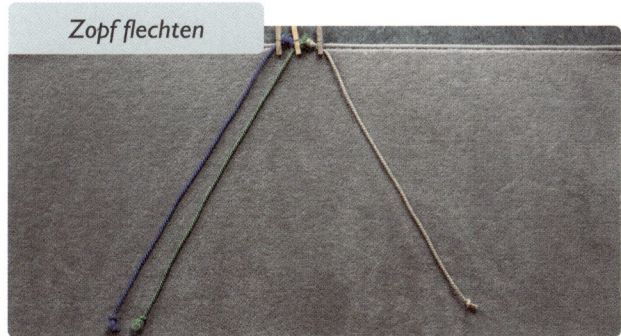

Zwei Kordeln nebeneinander, eine allein.

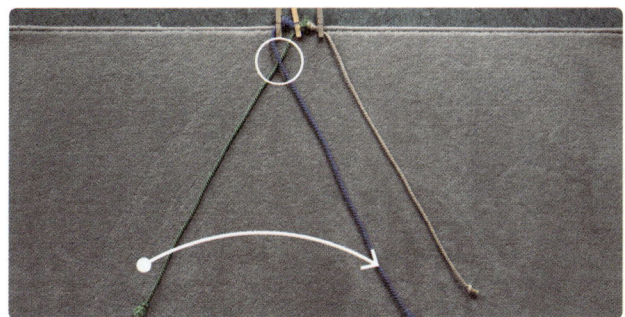

Von den beiden die äußere Kordel in die Mitte. Es entsteht ein Kreuz. Die weiße Kordel liegt abseits.

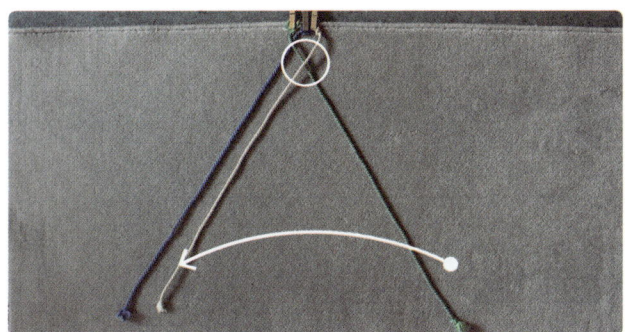

Nun die weiße Kordel in die Mitte. Es entsteht wieder ein Kreuz. Die blaue Kordel liegt abseits des Kreuzes. Sie kommt als nächstes wieder in die Mitte.

Kreuz,
von abseits in die Mitte,
Kreuz,
von abseits in die Mitte,
...

a

Aufbewahrung der Teppiche im Ständer.

d

Vor dem Aufrollen behutsam umdrehen.

Mit beiden Händen fassen.

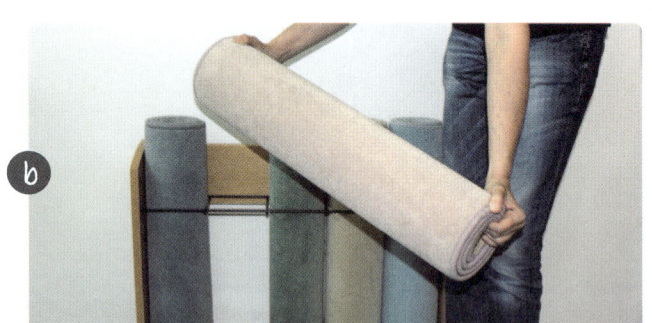

b

Beidhändig tragen.

e

So aufrollen, dass der Teppichflor außen ist.
So wird erreicht, dass der Teppich beim Gebrauch immer plan auf dem Boden liegt.

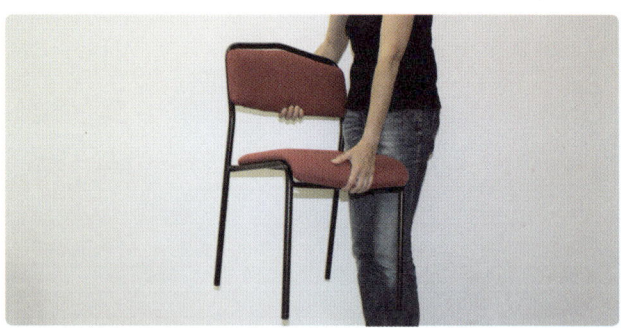

Vor dem Körper tragen.

c

Vorsichtig ausrollen.

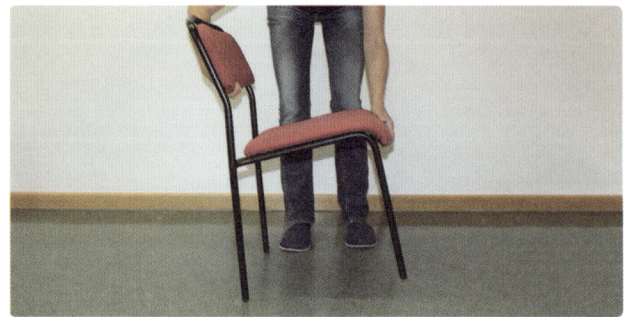

Behutsam abstellen, zuerst auf zwei und dann auf vier Beine.

... und dann gibt es noch:

Hände waschen.

Verschlüsse öffnen und schließen.

Schuhe putzen.

Gürtel öffnen und schließen - knöpfen.

Wäscheklammern aufsetzen.

Fädeln - haken.

Zwirn einfädeln mit Fädelhilfe.

3. Schüttübungen mit Wasser

Wasser!
Wasser ist etwas Alltägliches,
und doch so anders als alle anderen Dinge.
Wasser ist ganz besonders.
Ist es nicht zu kalt, fühlt es sich wunderbar an.
In Gefäßen muss es gefangen sein,
sonst läuft es einfach davon.
Es bewegt sich, es spritzt.
Es ist da und doch nicht zu greifen.

Mit Wasser so umgehen zu können, wie die Erwachsenen,
ja das ist eine wirkliche Herausforderung!

Grundübung

Ein Krug ist bis zu Markierung mit Wasser gefüllt.
Die Leiterin hebt und gießt - unterstützt mit der zweiten
Hand - bedächtig den Inhalt in das zweite Gefäß, wartet
geduldig auf den letzten Tropfen und wischt diesen mit dem
kleinen Schwamm ab.

Dann schüttet sie mit der anderen Hand in gleicher Weise
das Wasser in den ersten Krug zurück.

Nachdem das Kind die Übung durchgeführt und vielleicht
auch mehrmals wiederholt hat, werden die Krüge wieder
ins Regal zurückgeräumt.

Übungsfolge mit ansteigender Schwierigkeit

Wiederholung der ersten Schüttübung mit kleineren Krügen.

Schütten in ein undurchsichtiges Gefäß.

Schütten aus einem undurchsichtigen Gefäß.

... mit zwei undurchsichtigen Gefäßen.

... aus einer Kanne.

... mit ganz kleinen Gefäßen.

... mit einem Trichter.

Genaues Dosieren in aufsteigender Folge.

Hinweis:

Für kleinere Kinder ist es bei den ersten Übungen hilfreich, wenn die Größe der Gefäße ihrer Muskelkraft angepasst wird.

Auch werden für manche Kinder Übungen leichter, wenn zum Einstieg statt Wasser festes Schüttgut, wie Reis, Grieß, Sand, ... verwendet wird.

Für die Entwicklung eines sicheren Zahlenverständnisses ist es von entscheidender Bedeutung, dass sich ein Kind nicht täuschen lässt, wenn eine Menge ihre äußere Erscheinungsform verändert.

Fünf Äpfel werden, wenn man sie näher zusammen rückt, nicht weniger, oder Erbsen, von einem weiten in ein enges Gefäß umgeschüttet, nicht mehr.

Bei folgender Übung kann es durchaus vorkommen, dass ein Kind meint, die Flüssigkeit sei, obwohl es in jedes der vier Gefäße die gleiche Menge gegossen hat, weniger geworden. Durch weitere Schüttversuche kann das Kind diese Diskrepanzerfahrung bearbeiten.

Zur Vorbereitung füllt die Leiterin mit dem Messbecher viermal die gleiche Menge Wasser in den Krug.

Mögliche Fragen als Einstieg in ein Gespräch über das Ergebnis:

· Was fällt dir auf?
· Was hat sich verändert?
· Was vermutest du?
· Was musst du tun, um herauszufinden, ob du recht hast?

Das Kind wird aufgefordert, mit dem Messbecher jeweils genau die gleiche Menge Wasser in die vier verschieden weiten Gefäße zu schütten.

4. Gehen auf der Linie

Eine zentrale Übung in der Montessori-Pädagogik ist das Gehen auf der Linie.

Diese Übung ist aus der Beobachtung entstanden, dass Kinder in ihrer Entwicklung ein großes Interesse daran haben zu balancieren.

Jeder Baumstamm, jede niedrige Mauer und ebenso eine einfache Linie auf dem Boden treffen auf ein inneres Bedürfnis des Kindes, darauf zu balancieren und dabei das Gleichgewicht zu erproben und zu finden. Die Handlung an sich ist immer etwas Lustbetontes und stellt für das Kind eine Herausforderung dar.

Das Gehen auf der Linie findet auf einer im Raum aufgemalten oder aufgeklebten Ellipse statt.

Diese sollte im Längen-Durchmesser mindestens vier Meter und im Breiten-Durchmesser mindestens zwei Meter sein. Die Form der Ellipse ermöglicht eine harmonische Bewegung, da die Bewegungsrichtung nicht kontinuierlich gleich bleibt wie bei einem Kreis, aber sich auch nicht abrupt ändert wie bei einem Rechteck oder Quadrat.

An der Übung sollten nur so viele Kinder teilnehmen, dass zwischen jedem Kind ein großer Schritt Platz bleibt. So hat jedes Kind die nötige Bewegungsfreiheit.

Von großer Bedeutung ist das Beachten des Prinzips der Freiwilligkeit.

Kinder, die nicht mitmachen wollen, können zuschauen oder sich in einem anderen Bereich zurückziehen, da die Übung nicht gestört werden sollte.

Die Kinder sitzen um die Ellipse ohne diese zu berühren. Die Leiterin beginnt auf der Linie zu gehen. Sie setzt bei jedem Schritt ganz bewusst zuerst die Ferse auf und rollt bis zu den Zehen ab. Den zweiten Fuß setzt sie beim nächsten Schritt direkt vor den Zehen des ersten Fußes auf, wobei

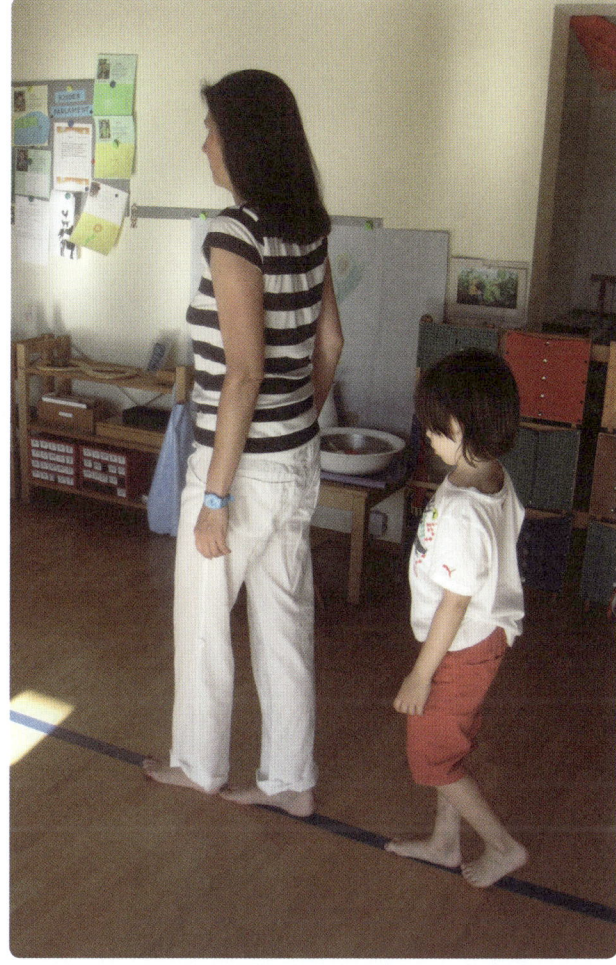

sie erneut mit der Ferse beginnt und bis zu den Zehen abrollt. So wird jeder Schritt ganz bewusst ausgeführt.

Wenn die Leiterin ein Stück auf der Ellipse gegangen ist, fordert sie die Kinder nach und nach mit Blickkontakt oder durch eine sachte Berührung auf, an der Übung teilzunehmen.

Die Übung kann mit leiser Musik untermalt werden. Eine Beobachtung Montessoris zeigte, dass sich anfangs Wiegenlieder aufgrund ihres klaren Rhythmus eignen, der das Kind dabei unterstützt, einfach nur zu gehen. Wenn alle Kinder, die an der Übung teilgenommen haben, sich eine längere Zeit auf der Linie bewegt haben, wird die Übung beendet, in dem die Leiterin durch einen Blick die Kinder nach und nach auffordert, an ihrem Platz die Ellipse zu verlassen.

Anfangs ist es wichtig, mit den Kindern nur das Gehen zu üben.

In weiterer Folge können verschiedenste Gegenstände angeboten werden, die die Kinder in der Hand oder auf dem Kopf tragen können. Z.B. Blatt, Stein, Muschel, Feder, Sandsäckchen, Teelicht, Glas mit Wasser, Löffel mit einer Kugel, Glöckchen, … usw.

Die Übung endet, wenn den Kindern die Gegenstände wieder aus der Hand oder vom Kopf genommen werden. Die Fehlerkontrolle erfährt das Kind über das Verlassen der Linie, das Verschütten des Wassers, das Erklingen der Glocke usw.

Das Gehen auf der Linie ermöglicht den Kindern zur Ruhe und zur Entspannung und dadurch mehr zu sich zu kommen.

Die Kinder gelangen zur Konzentration, indem sie ihren eigenen Rhythmus beim Gehen erfahren und diesen mit dem der anderen in Einklang bringen. Dies fördert die soziale Kompetenz, da sie einen Blick für die Gemeinschaft entwickeln. Ihr Selbstbewusstsein wird gestärkt.

Weiterführende Übungen:

Bewegen zwischen den Linien (zwei konzentrischen Ellipsen). Die Kinder bewegen sich, hüfen, springen, galopieren, laufen, hopsen, … zum Takt unterschiedlicher Musikstücke.

5. Bedeutung der Stille

Das Bedürfnis nach Stille, das Bedürfnis zur Ruhe zu kommen, ist nicht nur für Erwachsene, sondern genauso für Kinder ein inneres Verlangen.

Doch in unserer oft viel zu schnellen, streng durchorganisierten und lauten Zeit ist die Stille für viele Kinder kaum mehr erlebbar.

Die Stille ist jedoch die Grundlage der Konzentration und der Polarisation und dient als Fundament des Lernens! Umso wichtiger ist es, den Kindern Zeiten der Stille und der Ruhe zu ermöglichen.

Maria Montessori hat die Stilleübungen aus der Beobachtung heraus entwickelt.

Die außerordentliche Ruhe eines Säuglings beeindruckte Maria Montessori tief. Sie wollte eine Gruppe Kinder an der friedlichen Stille eines Säuglings teilhaben lassen und meinte, dass wohl keines der Kinder so still sein könne und keines so ruhig atmen könne. Die Kinder versuchten ernsthaft ihre Bewegungen einzustellen, zu schweigen und bemühten sich, ihren Atem fast anzuhalten.

Es entstand eine eindrucksvolle Stille und da die Kinder eine große Freude daran hatten, wiederholten sie diese Übung. So entstanden die Stilleübungen bei Montessori.

Die Stilleübungen sind kollektive Übungen, in denen die Kinder Stille erfahren können und in weiterer Folge lernen, selbst zur Stille zu kommen.

Um Stille erleben zu können, muss man sie erleben wollen und das kostet Mühe und Anstrengung.

Stille befindet sich im Grenzbereich zwischen Außen- und Innenwelt.

Wie gelingt es mir, meine Bewegungen einzustellen und zu kontrollieren? Wie bringe ich meine Bewegungen in Einklang mit der jeweiligen Stilleübung?

Was spielt sich in meinem Inneren ab? Ich lerne meine eigenen Empfindungen wahrzunehmen.

Die Stille kann nur aufkommen, wenn ich innerlich still werde. Dies ist ein aktiver und lebendiger Prozess.

Stille bedeutet nicht das Stilllegen der Kinder. Sie kann nicht durch Zwang, wohl aber in einer vorbereiteten Umgebung gelernt werden.

Entscheidend ist, dass wir Erwachsene Vorbild sind. Wir sind Modell für die Kinder. Wir leben ihnen vor, wie man sich bewegen kann, wie man die Stimme einsetzen kann, um Stille zu erzeugen.

Stilleübungen sind Konzentrationsübungen.

Voraussetzungen für Stilleübungen

· Eine aufgeräumte, vorbereitete Umgebung (der Raum soll reizarm gestaltet sein, so wenig Ablenkung wie möglich)

· Die Übereinstimmung, die Stilleübung gemeinsam durchführen zu wollen

· Eine bequeme Haltung des einzelnen Kindes, die Kinder sollen sich wohlfühlen

· Nie einsetzen, wenn in der Gruppe eine große Unruhe aufgetreten ist

· Die Übung beginnt mit dem Erzeugen der „richtigen Stimmung" – mit der Klangschale einen Gong erzeugen, eine Kerze anzünden …

· Danach demonstriert der Erwachsene ohne zu sprechen und besonders deutungsvoll die Übung

· Der Erwachsene nickt jedem einzelnen Kind zu und fordert es damit auf, an der Übung teilzunehmen

· Die Kinder versuchen, die Übung nachzuahmen

Die Wirkungen der Stilleübungen

· Die Selbstwahrnehmung wird gefördert

· Die Stille wird als Qualität erlebt

· Die Koordination der Bewegung wird geschult (Gleichgewicht, Anmut, Selbstkontrolle, Achtsamkeit)

· Es kommt zu einer Verfeinerung des Gehörs (Geräuschwahrnehmung wird sehr intensiviert. Kinder werden sensibel für Geräusche. Nach der Stille ist man nie derselbe wie zuvor.)

Leiseübungen eine Vorstufe zu den Stilleübungen

Sogenannte Leiseübungen bereiten auf die eigentlichen Stilleübungen vor. Bei diesen Gruppenübungen, stellen sich dem Kind Aufgaben, bei denen es sich noch bewegen, vielleicht auch sprechen und oft auch lachen kann. Bei Leiseübungen führt es Handlungen aus und bewältigt es Aufgaben, bei denen es mit Bedacht handeln und konzentriert auf die eigenen Bewegungen achten muss. Im Verlauf der Übung wird es meist wie von selbst leise. Das Kind erfährt Stille, ohne dass diese unmittelbar im Fokus seines Wollens steht.

Feder mit Strohhalm weitergeben

Alle, die an der Übung teilnehmen, bekommen einen Strohhalm (mit einem dünnen, kurzen Strohhalm ist die Übung einfacher). In der Mitte liegt auf einem Tablett eine Feder. Die Leiterin saugt mit dem Strohhalm die Feder auf und übergibt diese ihrem Nachbarn, der sie ebenfalls mit dem Strohhalm ansaugt. Auf diese Weise wird die Feder im Kreis weitergegeben. Bei einer größeren Gruppe können mehrere Federn ins Spiel gebracht werden.

Mandala legen

In der Mitte befinden sich in Körben verschiedene Gegenstände (Muscheln, Steine, Hölzer, Blätter u.a.). Es erklingt ruhige Musik. Die Kinder dürfen nach und nach ein gemeinsames Mandala gestalten. Als Unterlage ist ein runder Teppich oder ein Tuch geeignet.

Ideen

· Auf seinen ganz leise gerufenen Namen reagieren

· Gegenstände fallen hören

· Mit Wasser gefülltes Glas im Kreis vorsichtig weitergeben

· Reihum gemeinsam eine Phantasie-Stadt aus Blauklötzen bauen

· Glocken in Kreis so vorsichtig weiterreichen, dass kein Klöppel anschlägt

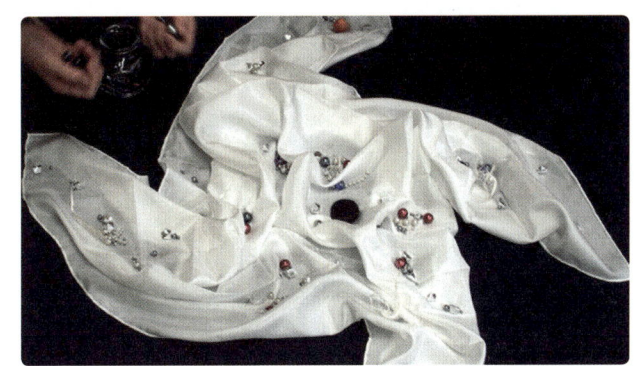

Stilleübungen

Bei Stilleübungen werden die Bewegung und das Sprechen vollkommen eingestellt, gleichzeitig richtet sich aufmerksames Wahrnehmen entweder nach außen (Hören, Sehen, Riechen,...) oder nach innen (Eigenempfindungen). Bei Stilleübungen entsteht eine besondere Atmosphäre, sie haben meditativen Charakter.

Wir werden so still wie das Wasser

In der Mitte befindet sich eine Schale mit Wasser. Daneben liegen auf einem Tablett ein Löffel und eine Feder. Leise Musik erklingt. Die Leiterin geht zur Schale, nimmt den Löffel und bringt das Wasser mit einer drehenden Bewegung in Schwung. Sie legt die Feder an den Rand der Schüssel ins Wasser. Diese dreht sich mit dem Wasser.

Die Leiterin sagt: „Wir werden so still wie das Wasser." Dann geht sie zu ihrem Platz zurück. Die Feder wird beobachtet. Zuerst ist sie schnell, dann wird sie langsamer, bis die Feder ihren endgültigen Stillstand erreicht hat.

B. Die Arbeit mit den Sinnesmaterialien

Einführende Erläuterung · Schulung der Sinne – Entwicklung und Verfeinerung der Wahrnehmungsfähigkeit

Greifen Sie bei Ihrem nächsten Spaziergang in der Natur ein Stück Holz, schließen Sie die Augen und richten Sie Ihre Aufmerksamkeit auf das, was Ihnen Ihre Sinneszellen an Informationen liefern.

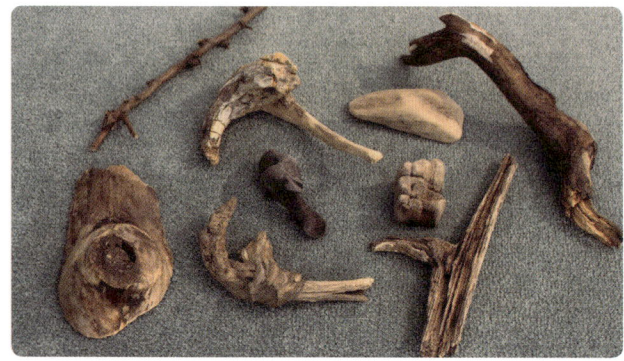

Es kann sein, dass Sie sich mit der Feststellung - na ja, ein Stück Holz halt - begnügen.

Vielleicht aber verlockt Sie die Aufgabe, die in diesem Stück schlummernde Vielfalt zu ergründen, und Sie richten ihre Gedanken auf seine Form, sein Gewicht, seine Oberfläche, seinen Geruch, seine Festigkeit und vielleicht kommt Ihnen auch noch eine Idee, wozu es wohl zu gebrauchen wäre. Versuchen Sie dann noch Ihrer Begleitung zu schildern, was Sie an dem Stück Holz wahrgenommen haben.

Sie werden nach Worten suchen und wie so oft im Leben bemerken, dass es gar nicht einfach ist, das was man spürt, auch begrifflich zu fassen.

Keine Frage, oft mag es genügen, in einem Stück Holz eben nur ein Stück Holz zu sehen, aber um wie vieles vielfältiger, differenzierter, reicher wird doch die Wirklichkeit für den, der sich auch das Universum eines scheinbar unbedeutenden Dinges zu erschließen vermag.

Was sind seine Mittel und woher nimmt der wache Geist die Fähigkeit, aus einfachen Impulsen, die Sinnesnerven an das Gehirn liefern, eine reiche innere Welt zu erschaffen? Er muss nicht jedes Ding für sich kennen, sondern er erkennt Eigenschaften und kann sie kombinieren.

Für Montessori ist es nicht notwendig, den Kindern alle Dinge dieser Welt zu lehren, denn von diesen gibt es unendlich viele, es genügt, ihnen ihre Eigenschaften zu erschließen, und diese sind begrenzt.
Dem Kind zu helfen, die Kraft seiner Anschauung zu entwickeln, bedeute also nicht, ihm alles was es gibt, zu lehren, sondern das Wie zu erkennen, Eigenschaften zu unterscheiden und zueinander in Beziehung zu setzen.

Bei der Arbeit mit Montessoris Sinnesmaterialien entwickelt das Kind die Fähigkeit, das ineinanderfließende Meer verwirrender äußerer Reize und Eindrücke für sich zu klären. Auf diese Weise gelingt es ihm allmählich, eine innere Ordnung zu konstruieren, die ihm Halt und Sicherheit gibt. Für Montessori sind es die einfachen Mittel des Geistes, aus denen der Mensch seine Kompositionen schafft.

Was ist mit den einfachen Mitteln des Geistes gemeint und wie werden sie erworben?

Die Eigenschaften als solche

Sie gilt es zu erkennen und voneinander zu unterscheiden. Eine Eigenschaft wahrzunehmen, gelingt am einfachsten, wenn sie nicht zugleich und vermischt mit anderen, sondern alleine, also exklusiv erfahren werden kann. Daher isoliert Montessori jede Eigenschaft und koppelt sie an ein Material, das für diese Eigenschaftswahrnehmung steht.

Das Kind lernt Gleiches zu erkennen, und Ungleiches voneinander zu unterscheiden.

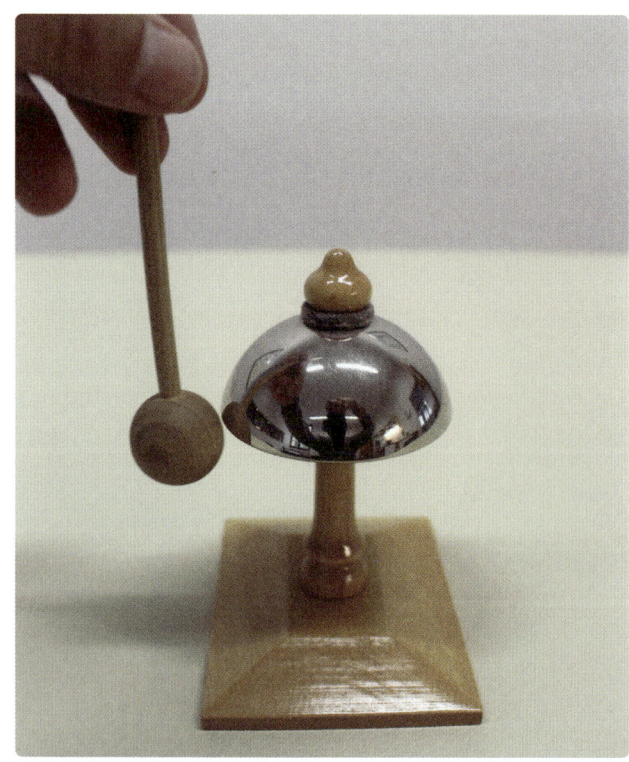

Hier bezieht sich Montessori auf Alexander Bain, der in der Fähigkeit zur Wahrnehmung des Unterschieds die Grundlage der Intelligenz sieht.

Die feinen Abstufungen

Feine Abstufungen begegnen dem Kind fast in jedem Material, sei es von groß nach klein beim Rosa Turm, von hell nach dunkel bei den Farbtäfelchen oder von grob nach fein bei den Tasttäfelchen.

Nuancen einer Eigenschaft in eine geordnete Folge zu bringen, verfeinert nicht nur die Wahrnehmungsfähigkeit, sie fördert vor allem das Erkennen und Denken in Beziehungen.

Astrid Lindgren liefert gleich auf der ersten Seite ihrer „Kinder aus Bullerbü" ein vortreffliches Beispiel, wie Kinder im alltäglichen Leben Mühe haben, mit Relationen und ihren Veränderungen zurecht zu kommen.

Ich heiße Lisa. Ich bin ein Mädchen.
Das hört man übrigens auch am Namen.
Ich bin sieben Jahre alt und werde bald acht.

Manchmal sagt Mama: „Du bist ja mein großes Mädchen, du kannst mir also heute beim Abwaschen helfen."

Und manchmal sagen Lasse und Bosse:
„Kleine Mädchen dürfen nicht mit uns Indianer spielen. Du bist zu klein."

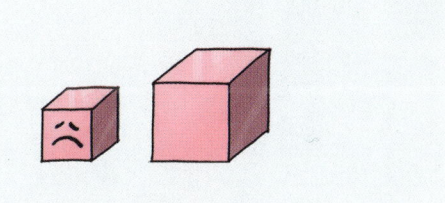

Daher weiß ich nicht,
ob ich eigentlich groß oder klein bin.
Wenn die einen finden, dass man groß ist,
und andere, dass man klein ist, so ist man vielleicht gerade richtig.

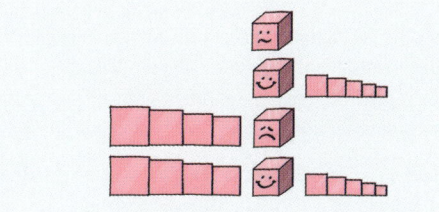

Bei den Lektionen zu den Sinnesmaterialien lernen die Kinder, die Abstufungen einer Eigenschaft zueinander in Beziehungen zu setzen.

Dabei erfahren sie, dass mit einem Wechsel des Bezugspunktes auch die Beziehung eine andere wird. Sie lernen diese zu benennen, verstehen ihre Bedeutung und werden flexibel im Denken.

Abstraktes zum Angreifen

Bittet man ein Kind, Bücher in der Leseecke zu sortieren, so ist es wahrscheinlich, dass es sie nach Größe oder Farbe ordnet, also nach Eigenschaften, die an der Oberfläche liegen.

Eine Ordnung nach Gattungen, nach Autor, Verlag oder Erscheinungsjahr würde ihm kaum in den Sinn kommen. Diese sind Eigenschaften, die tiefer liegen und der Wahrnehmung und der gedanklichen Bearbeitung schwerer zugänglich sind.

Oft aber sind es gerade diese „verborgenen" Abstraktionen, welche die Qualität des Denkens bestimmen.

In ihren Materialien ist es Montessori gelungen, allgemeine Eigenschaften, Begriffe und Zusammenhänge über ihre Oberfläche, ihre Materialität den kindlichen Sinnen und dem Verstehen zugänglich zu machen. Sie hat für das Lernen bedeutsame Abstraktionen materialisiert.

Zum Beispiel erscheint es bei einer ersten Betrachtung als trivial, wenn so einfache Wörter wie groß und klein zum Gegenstand des Lernens gemacht werden.

Jedoch sind groß und klein relationale Begriffe, sie gibt es in der sinnfälligen Wirklichkeit als solche nicht unmittelbar. Beide müssen jeweils aus einem Vergleich mit einem anderen Objekt abgeleitet werden. Groß ist etwas nur dann, wenn dazu etwas anderes klein ist.

Im Rosa Turm finden Kinder diese abstrakte Beziehung materialisiert.

Erst die Sprache macht Erfahrung dem Denken zugänglich

Bei jedem Material sammelt das Kind in einer ersten Phase sinnliche Erfahrungen.

Es trägt, ordnet, vergleicht, baut, verändert und variiert, dabei folgt es unbewusst der dem Material innewohnenden Ordnung. Bei diesem Prozess der Verinnerlichung spielt Sprache vorerst noch kaum eine Rolle.

Erst wenn die Leiterin den Eindruck hat, dass das Kind sein Bedürfnis an sinnlichen Eindrücken und konkreten Handlungen an einem Material gesättigt hat, bittet sie es zur Wortlektion.

In der Wortlektion werden nach festgelegten methodischen Schritten die Eigenschaften und ihre Beziehungen genau benannt und die neuen Begriffe eingeübt. Erst dieser Schritt ermöglicht dem Kind die Teilnahme am begrifflich-produktiven Denken, oder bildhafter formuliert:

Zuerst sehen, hören, spüren, tun, ... dann benennen und damit ins Leben holen.

Die Übungen des täglichen Lebens und die Arbeit mit den Sinnesmaterialien helfen dem Kind, seine in vielen Hinsichten noch undeutlich erscheinende Lebenswirklichkeit gedanklich zu durchdringen.

Selbständig erarbeitet es sich die elementaren Ordnungen der äußeren Welt und fügt allmählich eine vorerst zufällig oft sinnfreie Ansammlung von Erfahrungsteilen zu einer festen inneren Gestalt.

1. Dimensionen
1.1. Rosa Turm

Groß und klein sind unzertrennlich.

Ohne die eine Eigenschaft könnten wir die andere nicht denken. Es gibt das Groß an sich nicht. Etwas ist nur dann groß, wenn wir daneben etwas sehen oder denken, das im Vergleich dazu klein ist.

Groß und klein sind ein relationales Begriffspaar.

Im Leben des Kindes spielen groß und klein eine wichtige Rolle. Welches Kind möchte sich nicht gerne als groß erleben. Aber die Sache ist oft verwirrend. Manchmal ist es groß, vielleicht in der Spielgruppe sogar das größte Kind, zu Hause aber in der Familie, ärgerlich aber unabänderlich, der/die Kleinste.

Der Rosa Turm hilft dem Kind Klarheit in diese scheinbare Wirrnis zu bringen.

Ziel:

Erkennen und Benennen der Größenbeziehungen innerhalb der Würfelreihe des Rosa Turms

Begriffspaar: groß – klein

I. Grundübung

1. Teil

· Die Würfel des Turms **1** werden einzeln vom Regal zum Teppich getragen und dort ohne eine Ordnung abgelegt. **2**

· Die Leiterin beginnt in Greifweite des Kindes mit bedächtigen und präzisen Bewegungen den Turm zentriert aufzubauen. **3**

· Wenn das Kind möchte, kann es sich in die Arbeit einklinken und den Turm fertig bauen. **4**

· Ist der Turm fertig, mit beiden Händen an den Seiten entlanggleiten **5** , auch die Betrachtungsperspektive wechseln (von oben, von unten, von anderen Seiten anschauen) **6 7** .

· Dann den Turm wieder abbauen und die Würfel ohne Ordnung am Teppich ablegen. **8**

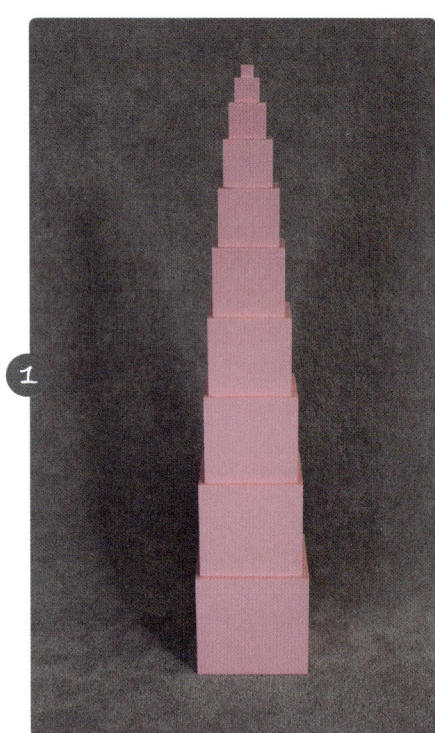

So präsentiert sich der Rosa Turm im Regal.

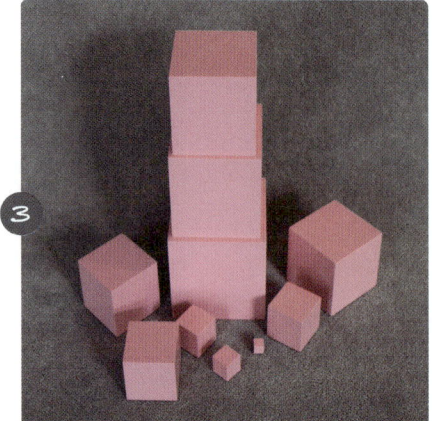

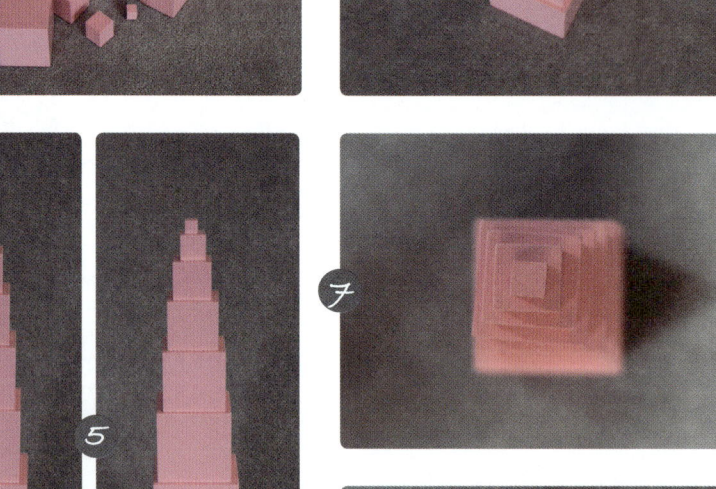

2. Teil

· Aus der Unordnung. ⑨

· Der Turm wird nun so aufgebaut, dass an einer Seite die Kanten senkrecht übereinander stehen. ⑩

· Mit dem kleinsten Würfel wird auf der so entstandenen Treppe Stufe für Stufe nach oben gegangen. Dabei wird genau überprüft, ob der Kleinste genau in die Stufe passt (Selbstkontrolle). ⑪

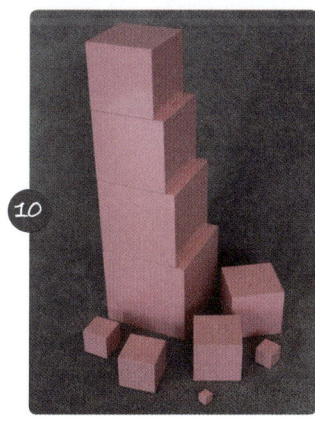

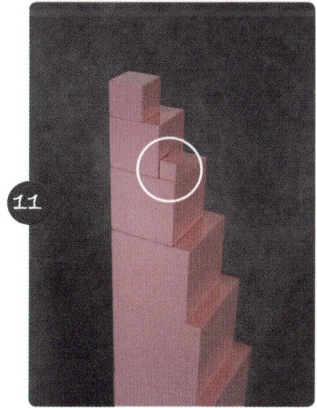

Das Tragen der Würfel:

Die Würfel werden immer einzeln zum Teppich getragen, damit die Eigenschaft in der sie sich voneinander unterscheiden (die Größe) intensiv über das Muskelgedächtnis wahrgenommen und gespeichert werden kann.

Kognitive Leistung beim Aufbau des Turms:

Es sind die scheinbar unbedeutenden, kaum wahrnehmbaren Akte des Vergleichens und Entscheidens, welche die Grundlage unserer Denkfähigkeit bilden.

Vergleichen – Entscheiden

Woher weiß das Kind, welchen Würfel es wählen muss, um den Turm weiterbauen zu können?

Zwei Möglichkeiten:

1. Geht es gedanklich von 7 aus, so sucht es den nächst kleineren.

2. Oder es sucht aus dem Rest der liegenden Würfel den jeweils größten.

Bei beiden Lösungsmodalitäten ist die Größe als relevante Eigenschaft zu erkennen und dann die Größe eines bestimmten Würfels in Beziehung zu den anderen zu setzen. Erst nach Verarbeitung dieser Informationen kann gehandelt, also nach dem richtigen Würfel gegriffen werden.

Perspektivenwechsel

Ist die Welt so, wie ich sie sehe? Der Turm erscheint plötzlich ganz anders, wenn er aus einer neuen Perspektive betrachtet wird.

Diese einfache Übung hilft dem Kind, sich allmählich der Ichbezogenheit seiner Weltsicht gewahr zu werden. Im Laufe seiner Entwicklung wird es sich davon lösen und die äußere Welt als eine unabhängig vom eigenen Standpunkt objektiv existente Wirklichkeit in sein Denken integrieren.

2. Variationen

Hat das Kind Interesse am Bauen gefunden, kann es dazu „verlockt" werden, Möglichkeiten zu finden, wie die Würfel noch zueinander kombiniert werden könnten, sodass ganz neue „Türme" entstehen – nicht nur horizontal, sondern auch vertikal.

zum Beispiel:

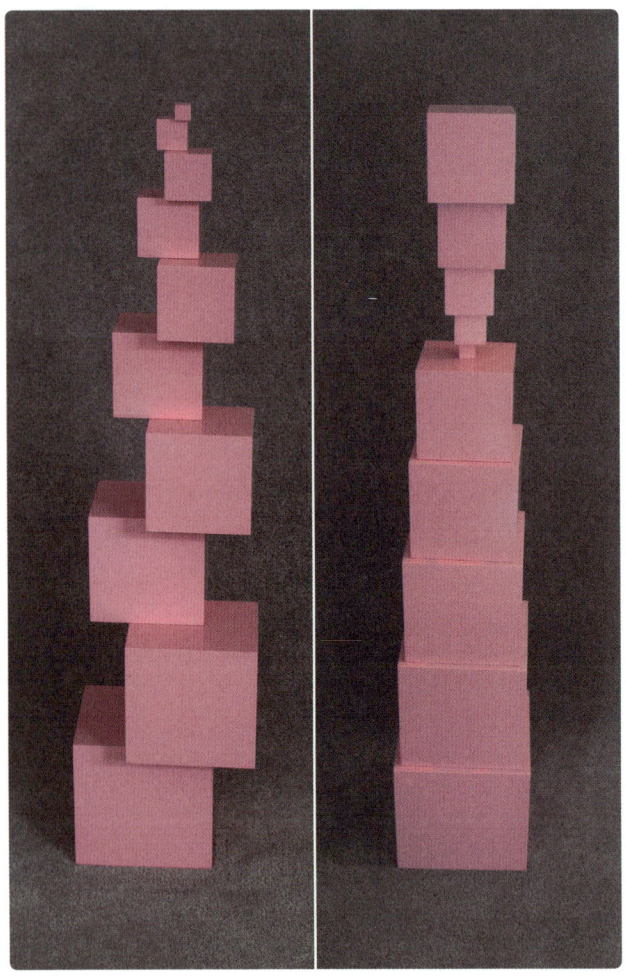

Kannst du weiterbauen?

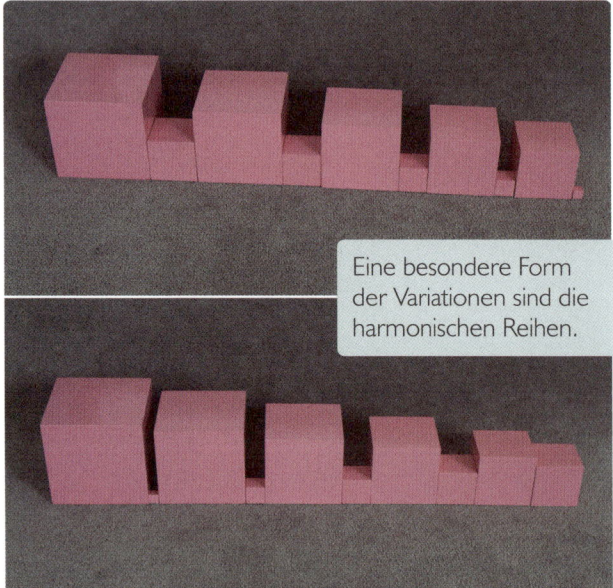

Eine besondere Form der Variationen sind die harmonischen Reihen.

Beim Finden neuer Würfelkombinationen eröffnet sich für das Kind eine attraktive, vielleicht auch neue Denkwelt.

In diesen zehn Würfeln schlummern unzählige interessante, neue Gebilde, die es zu entdecken, ja zu erfinden gilt. Indem das Kind diese 10 Würfel neu miteinander kombiniert, schafft es subjektiv NEUES, es ist schöpferisch tätig.

Verlocken, aber wie?

Die Leiterin beginnt eine Variation zu bauen und lädt nach 3 oder 4 Würfeln das Kind ein, weiterzubauen.

Diese Herausforderung ist für das Kind reizvoll und fördert zugleich seine Fähigkeit induktiv zu denken, nämlich im konkreten Beispiel, das innewohnende Allgemeine (die Regel, den Bauplan) zu erkennen und in eigenes Handeln umsetzten zu können.

Oft wächst dann eine Variation aus der anderen. Ist es der Leiterin gelungen, beim Kind diese Schaffenslust zu erwecken, zieht sie sich zurück.

Anmerkung:

Im Handel werden Karten angeboten, auf denen Variationen zum Nachbauen abgebildet sind. Eine Vorlage nachbauen zu können, ist für das Kind sicherlich eine Herausforderung.

Es ist jedoch zu bedenken, dass durch die bildliche Vorwegnahme von Gestaltungsmöglichkeiten der Erfindergeist des Kindes eingeengt wird.

3. Harmonie - Disharmonie

a) Vertauschen der Reihenfolge

· Der Turm wird in vertikaler Ordnung vor dem Kind ausgelegt.

· Dann fordert die Leiterin das Kind auf, die Augen zu schließen. Inzwischen vertauscht sie zwei Würfel, sodass die Reihenfolge gestört wird. **1**

· Das Kind darf die Augen wieder öffnen und die Leiterin fragt: „Fällt dir etwas auf?"

· Ist der Fehler gefunden, soll er vom Kind korrigiert werden, d.h. es legt die vertauschten Würfel wieder an ihre richtige Position.

b) Herausnehmen eines Würfels

· Der Turm ist wieder in vertikaler Ordnung ausgelegt und das Kind schließt die Augen.

· Die Leiterin nimmt einen Würfel weg, schließt die entstandene Lücke und versteckt ihn hinter sich. **2**

· Dann fragt sie das Kind wieder, ob ihm etwas auffällt.

· Wird die Störung gefunden, bekommt es den Würfel und es darf die Ordnung wieder herstellen.

> Diese Übung ist von kurzer Dauer und hilft festzustellen, ob bzw. inwieweit das Kind Störungen der gebauten Ordnung erkennt und korrigieren kann.

c) Disharmonie – bei Variationen

Da die meisten Variationen auch eine bestimmte Ordnung materialisieren, kann es reizvoll sein, auch diese durch Vertauschen oder Herausnehmen zu stören, und diese „Fehler" dann finden zu lassen. **3**

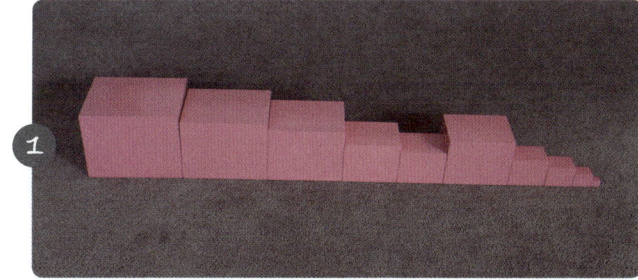

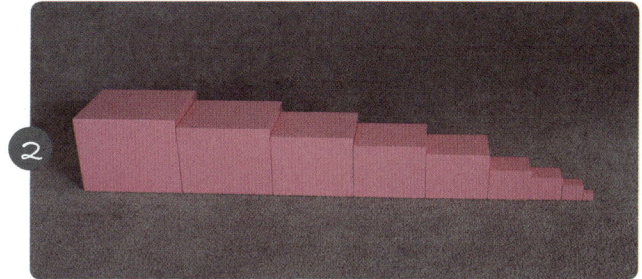

4. Blindübungen

Haben Kinder schon ausreichend Erfahrung mit dem Rosa Turm gemacht, kann die Schwierigkeit und auch die Motivation gesteigert werden, indem man das Kind einlädt, den Turm auch blind zu bauen. Natürlich kann auch mit Variationen und Disharmonien blind gearbeitet werden.

> Den Turm oder eine Variation blind zu bauen steigert die Schwierigkeit und wird daher von den meisten Kindern als motivierende Herausforderung erlebt. Diese Übung ist aber auch deshalb besonders wertvoll, weil durch die Ausschaltung des Sehsinns die Würfel nur mehr einzeln ertastet werden können, die Lage und Größe der übrigen Würfel muss vorgestellt werden, somit kommt es zu einer Verinnerlichung der äußeren Wirklichkeit.
>
> *Zu Übungen mit verbunden Augen sollen Kinder jedoch nicht gedrängt werden.*

5. Wortlektionen

Unterschied: groß – klein

1. Stufe - Benennen

Der Turm wird horizontal aufgelegt und der erste und letzte Würfel herausgelegt.

Die Leiterin zeigt zuerst auf 10 und dann auf 1. Dabei spricht sie: „Von diesen beiden ist der groß und der klein."

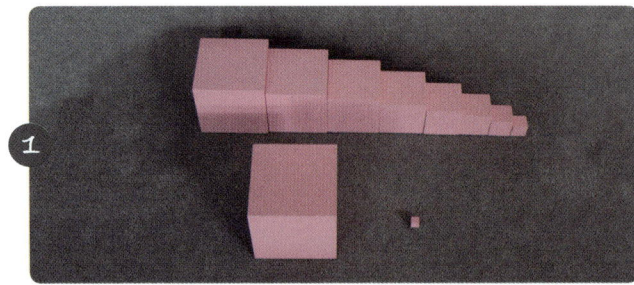

2. Stufe – Name und Objekt durch Handlung miteinander verknüpfen

Die Leiterin fordert das Kind auf:
„Leg den, der groß ist,........."
„Leg den, der klein ist, ..."
„Hol den, der groß ist, wieder zurück."
„Hol den, der klein ist, wieder zurück."

3. Stufe – Kind benennt

Die Leiterin zeigt nacheinander auf Würfel 10 und Würfel 1 und fragt:

„Wie ist der?" - Kind benennt – „Groß."
„Wie ist der?" - Kind benennt – „Klein."

4. Stufe – Anwendung in der Umwelt

„Bring mir einen großen und einen kleinen Baustein, ..., ..., ."

„Schau aus dem Fenster. Wie ist die Kirche? Wie ist der Mensch, der davor steht?"

Beziehungen

Stellen Sie sich eine Gruppe von Menschen vor, die aufgefordert wurden, sich der Größe nach aufzustellen und versuchen sie, diese Personen nun zueinander in Beziehung zu setzten.

Folgende **Beziehungen** werden Sie finden:

· Einen der im Vergleich zu einem anderen **groß** ist (**klein** ist).

· Einen der im Vergleich zu den anderen **groß** ist, einen der noch **größer** ist als diese und einen der **am größten** ist.

· An den beiden Enden dieser Reihe finden sich de**r Größte** und **der Kleinste**.

· Und schlussendlich lassen sich auch solche benennen, die **größer** oder **kleiner** sind **als** andere.

Diese Beziehungen spielen im täglichen Leben eine wichtige Rolle.

Isolierung der Eigenschaft und damit der Schwierigkeit

Am obigen Beispiel unterscheiden sich die Personen sicherlich in mehr Eigenschaften als nur in der Größe. Der Rosa Turm materialisiert nur **eine** Eigenschaft, die **Größe**, dadurch werden die Wahrnehmung und die Herstellung der Beziehungen erleichtert.

Wahrnehmung und Sprache

Die Materialien zur Schulung der Sinne helfen dem Kind, seine Wahrnehmungsfähigkeit zu verfeinern und zu erweitern. Bei der Schulung der Sinne genügt es nicht, Sinneszellen lediglich in Kontakt mit äußeren Reizen (z.B. Größenunterschiede) zu bringen, sondern diese Sinnesinformation muss dem Ich zugänglich gemacht werden. Das macht die Sprache.

Erst über das Wort wird die äußere Welt zum Gegenstand des Denkens.

Die Grenze unserer Sprache ist die Grenze unseres Denkens. Die Arbeit mit den Sinnesmaterialien hilft diese zu erweitern.

Die Stufen der Wortlektion

Die Verbindung zwischen Eigenschaft/Gegenstand und Sprache wird in Stufen aufgebaut.

1. Stufe:

Die Eigenschaft/der Gegenstand bekommt durch die Leiterin einen Namen.

Assoziationen der Eigenschaft/des Gegenstandes mit einem akustischen Zeichen (Wort).

2. Stufe:

Aufforderung mit dem Gegenstand eine Handlung auszuführen.

Das von der Leiterin gesprochene Wort aktiviert im Kind die Vorstellung vom bezeichneten Gegenstand.

Durch das Berühren/Tragen/Erinnern formen und festigen sich im Kind der Begriff und seine Bedeutung.

3. Stufe:

Das Kind wird gefragt, wie der Gegenstand/die Eigenschaft heißt.

Kind gebraucht das Wort aktiv.

4. Stufe:

Wo immer möglich soll der erworbene Begriff in der täglichen Umgebung angewandt und genutzt werden.

Transfer in den unmittelbaren Lebensbereich.

Steigerung: groß – größer – am größten

1. Stufe - Benennen

· Anordnung der Würfel auf dem Teppich.
  Leiterin zeigt auf 1, dann auf 8 und spricht.
  „Von diesen beiden ist der groß."

· Dann zeigt sie noch einmal auf 8, dann auf 9 und dann auf
  10, dazu spricht sie: „Groß – größer – am größten."

2. Stufe – Name und Objekt durch Hinzeigen miteinander verknüpfen

· Leiterin zeigt auf 1 und auf 8 und sagt:
  „ Zeig mir den, der von diesen beiden groß ist." -
  Kind zeigt.

· Leiterin zeigt auf 8 und 9 und sagt:
  „ Zeig mir den, der von diesen beiden größer ist." -
  Kind zeigt.

· Zuletzt sagt sie: „Zeig mir den, der am größten ist." -
  Kind zeigt.

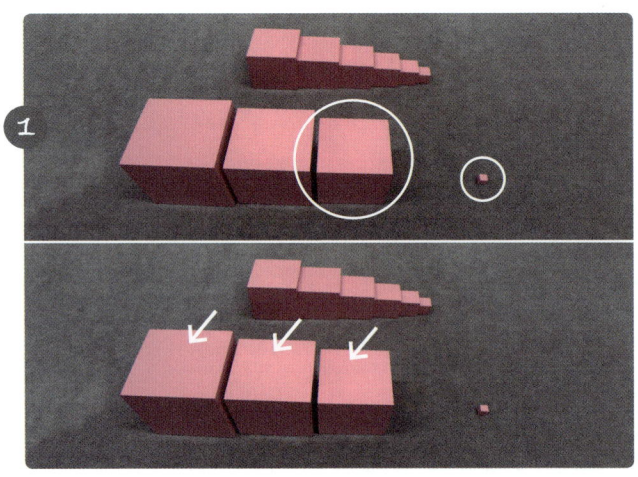

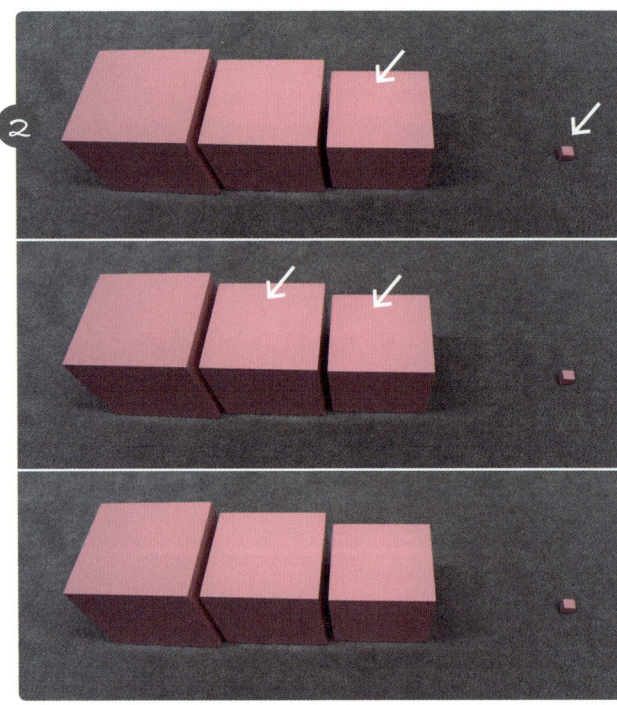

3. Stufe – Kind benennt

· Leiterin zeigt auf 8 und fragt:
  „Wie ist der?" – Kind benennt – „Groß."

· Leiterin zeigt auf 9 und fragt:
  „Wie ist der?" – Kind benennt – „Größer."

· Leiterin zeigt auf 10 und fragt:
  „Wie ist der?" – Kind benennt – „Am größten."

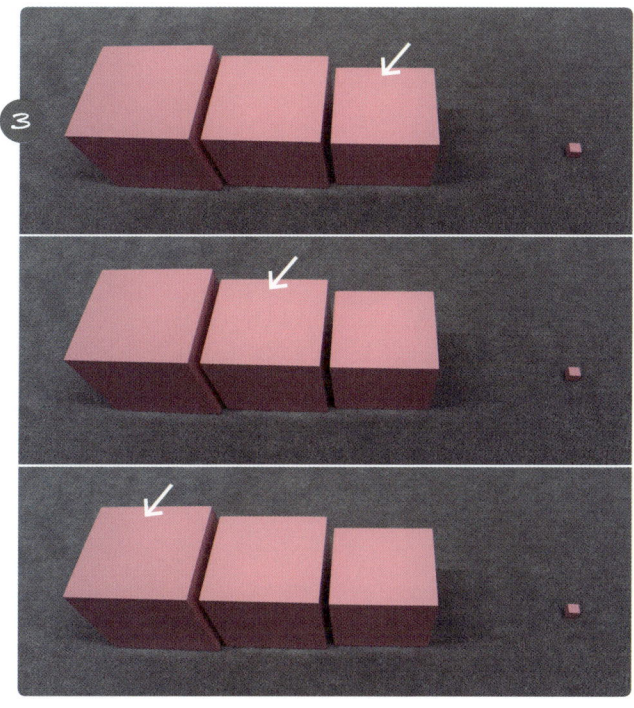

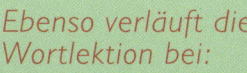

Extreme: der größte – der kleinste

1. Stufe – Benennen

· Anordnung der Würfel

· Leiterin streicht über die Reihe der Würfel und zeigt dann auf 10. Dazu spricht sie: „Von diesen hier ist das der größte".

· Dann streicht sie in die andere Richtung und spricht, „Von diesen hier ist das der kleinste."
Während sie spricht, rückt sie den größten und den kleinsten ein klein wenig von der Reihe ab.

2. Stufe – Name und Objekt durch Hinzeigen miteinander verknüpfen

· Leiterin: „Zeig mir den, der von dieser Reihe der größte ist."

· Leiterin: „Zeig mir den, der von dieser Reihe der kleinste ist."

3. Stufe - Kind benennt

· Leiterin zeigt auf 10 und dann auf 1 und fragt:
„Welcher ist das? – Kind benennt „Der größte."
„Welcher ist das? – Kind benennt „Der kleinste."

4. Stufe – Anwendung in der Umwelt

· „ Bring mir den größten Ball."
· „Zeig mir den kleinsten Apfel."

Ebenso verläuft die Wortlektion bei:

klein – kleiner – am kleinsten

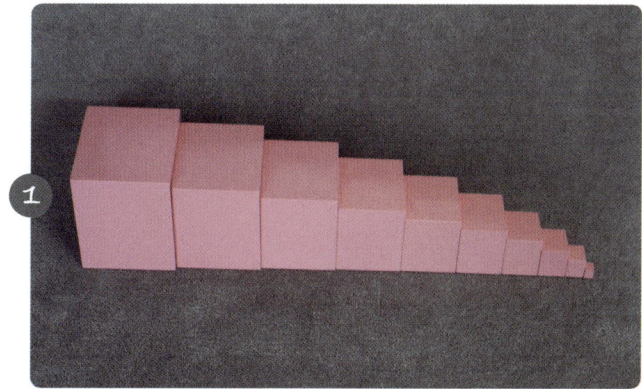

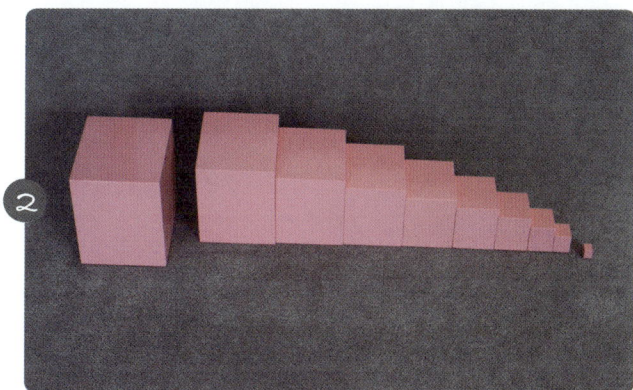

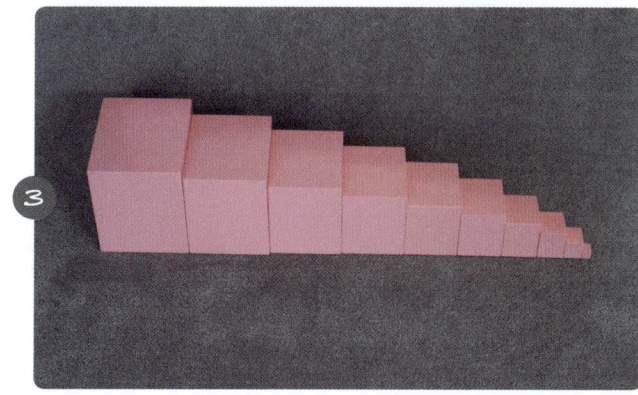

Weitere Übungen zu den Extremen:

Werden 10 und 1 weggenommen und neben den Teppich gelegt, so kann man das Kind wieder nach dem Größten und dem Kleinsten fragen.

Oder:

Der liegende Turm wird in der Mitte auseinander geschoben.

· Leiterin streift über 1-2-3-4-5-6, zeigt dann auf 6 und spricht: „In dieser Reihe ist der (6) der Größte."

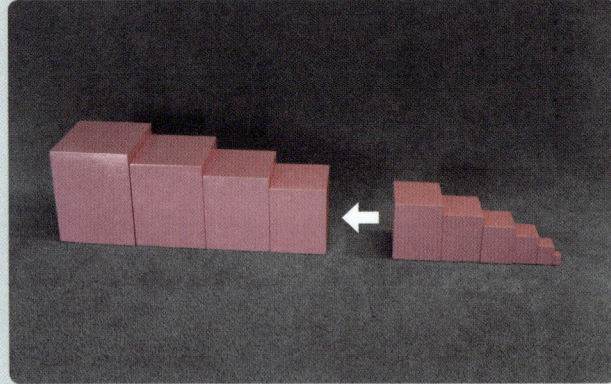

· Dann schiebt sie 6 nach links, streift über 10-9-8-7-6, zeigt dann auf 6 und spricht: „In dieser Reihe ist der (6) der Kleinste."

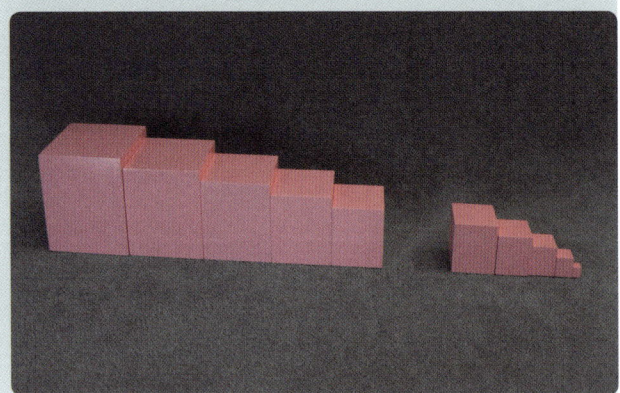

Notizen:

Relation in der Reihe: größer als – kleiner als

1. Stufe – Benennen

· Leiterin streicht über 10-9-8-7 und zeigt dann auf 6, dazu spricht sie:
   „Diese sind größer als der."
   Anschließend streicht sie über 1-2-3-4-5
   und zeigt dann auf 6, dazu spricht sie:
   „Diese sind kleiner als der."

2. Stufe – Name und Objekt durch Hinzeigen miteinander verknüpfen

· Leiterin deutet auf 6 und fragt:
   „Zeig mir die, die größer sind als der."
   „Zeig mir die, die kleiner sind als der."

3.Stufe - Kind benennt

· Leiterin streicht über 10-9-8-7, dabei fragt sie:
   „Wie sind die?" – Kind: „Diese sind größer als der."
   Leiterin streicht über 1-2-3-4-5 und fragt dazu:
   „Wie sind die?" – Kind: „Diese sind kleiner als der."

4. Stufe – Anwendung in der Umwelt

· „Hole mir Stofftiere, die größer sind als dieser Hund."
· „Wer ist in dieser Gruppe kleiner als du?"

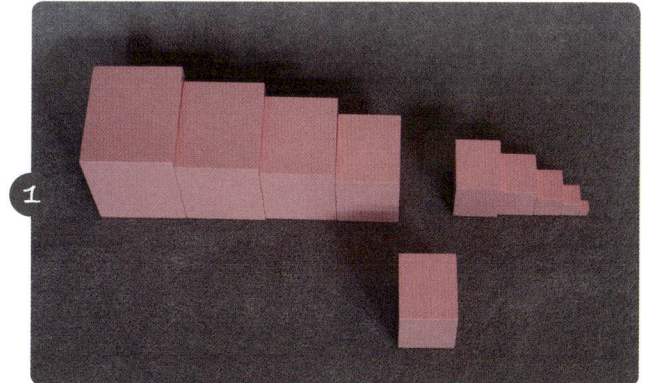

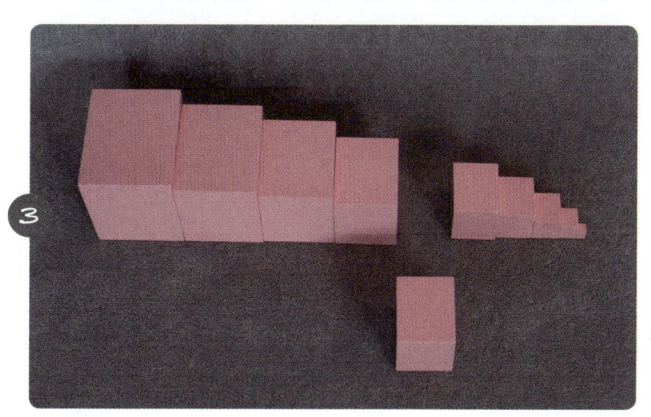

Die Arbeit mit dem Sinnesmaterial fördert die Flexibilität im Denken!

Schauen wir uns z.B. den Würfel 10 an, so hat er im Laufe der vier Wortlektionen folgende Eigenschaftsbezeichnungen erhalten: „groß", „am größten", „der größte" und „größer als".

Von früh weg gewöhnt sich das Kind daran, einmal vorgenommene Kategorisierungen (Benennungen) zu ändern, wenn der Zusammenhang, die Beziehung eine andere geworden ist.

Anstatt Starrheit wird flexibles Denken gefördert, z.B. ist die Mutter nicht nur Mutter, sondern auch Tochter, Schwester, Tante, ...

6. Kombination mit anderen Materialien

Bei den Variationen (2.) werden für die Beziehung der einzelnen Würfel zueinander neue Ordnungen (in der räumlichen Anordnung, in ihrer Abfolge) gefunden.

Nimmt man andere Materialien hinzu (z.B. Rote Stangen, Braune Treppe, ...), so erweitern sich die Handlungs- und Gestaltungsmöglichkeiten ins nahezu Grenzenlose.

Notizen:

1. Dimensionen
1.2 Braune Treppe

I. Grundübung

Wie beim Rosa Turm werden die Quader einzeln zum Teppich getragen, ohne Ordnung aufgelegt und dann mit bedächtigen und präzisen Bewegungen zu einer Treppe zusammengefügt.

Ist die Treppe richtig? Mit dem dünnsten Quader Stufe für Stufe Kontrolle gehen.

Vertiefung des Sinneseindrucks:
· mit der Hand darüber streichen

· von verschiedenen Seiten betrachten
· eine Murmel hinunter rollen lassen

Ziel:

Erkennen und Benennen der Beziehungen in der Reihe der verschieden dicken Quader

Begriffspaar: dick – dünn

➡ *Siehe: Rosa Turm*

2. Variationen

➡ Siehe: Rosa Turm

3. Harmonie - Disharmonie

➡ Siehe: Rosa Turm

4. Blindübungen

➡ Siehe: Rosa Turm

Notizen:

5. Wortlektionen

Die einzelnen Lektionen sind in ihrem Ablauf gleich
wie beim Rosa Turm, anders ist die Eigenschaft,
die nun benannt wird.

Unterschied: dick – dünn

Steigerung: dick – dicker – am dicksten

dünn – dünner – am dünnsten

Relation in der Reihe: dicker als – dünner als

Extreme: das dickste – das dünnste

6. Kombination mit anderen Materialien

1. Dimensionen
1.2 Rote Stangen

I. Grundübung

Aus der Ordnung im Regal werden die Stangen einzeln zum Teppich getragen. Damit die sich verändernde Eigenschaft optimal empfunden werden kann, wird die Stange zwischen den beiden Handflächen gehalten.

Aus der anfänglichen Unordnung stellt die Leiterin mit dem Kind Stange für Stange die rechts abgebildete Ordnung her. Hat eine Stange ihren Platz eingenommen, streicht man abschließend von links nach rechts über die gesamte Länge.

· Ordnung am Teppich

· Zur Kontrolle wandert die kürzeste Stange von links unten Schritt für Schritt nach rechts oben.

· Die Finger überprüfen die Bündigkeit der „Kontrollstange".

Vertiefung des Sinneseindrucks:

· Mit der Hand der Veränderung von lang nach kurz nachspüren.

· Von verschiedenen Seiten aus betrachten

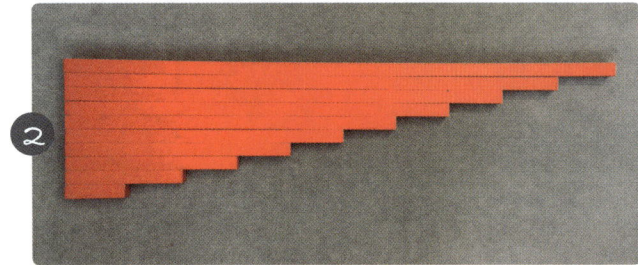

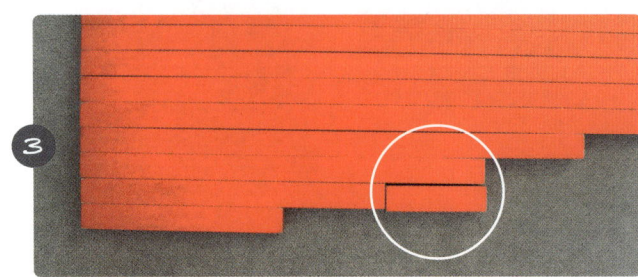

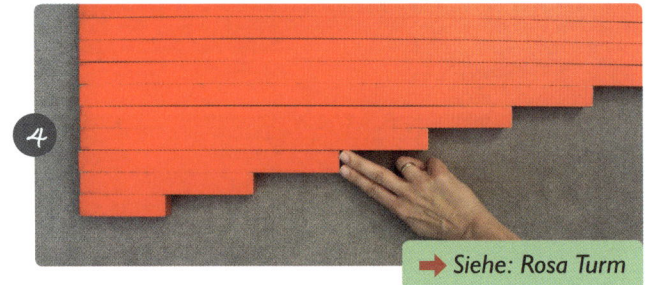

➡ **Siehe: Rosa Turm**

Ziel:

Erkennen und Benennen der Beziehungen in der Reihe der verschieden langen Stangen

Begriffspaar: *lang – kurz*

Arbeitsrichtung am Teppich:

Beim Auslegen aller Materialien wird darauf geachtet, dass wenn immer möglich, eine Entwicklung von oben nach unten oder von links nach rechts entsteht.

So wird das Kind indirekt schon auf die Lese- und Schreibrichtung vorbereitet.

2. Variationen

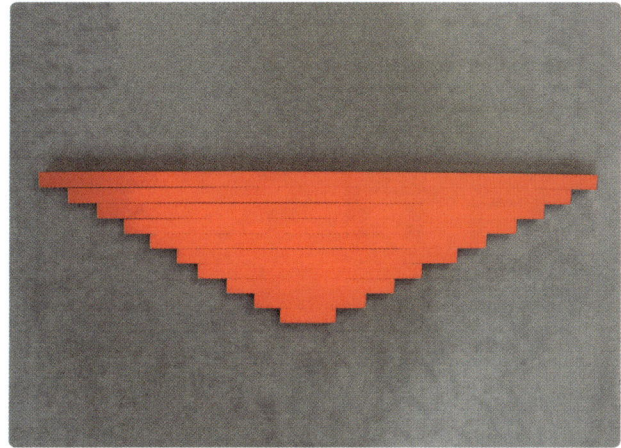

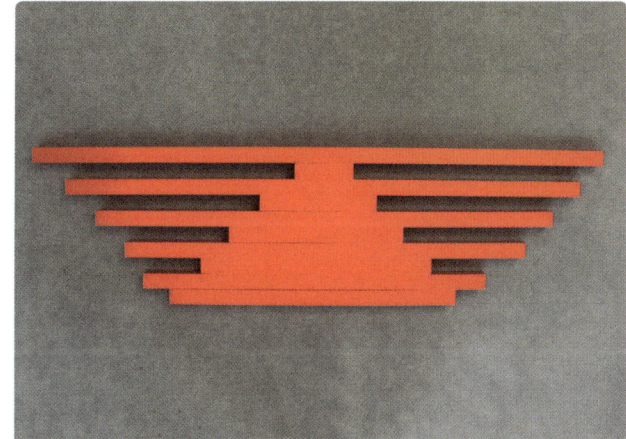

3. Harmonie - Disharmonie

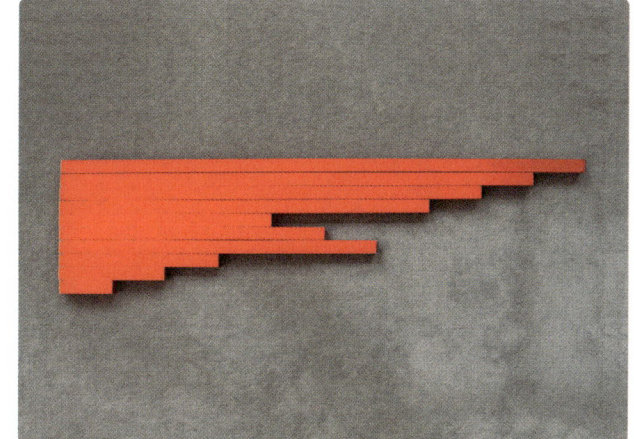

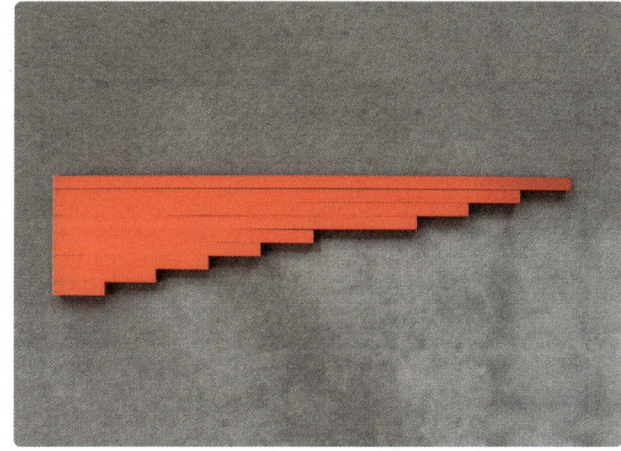

4. Blindübungen

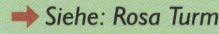 Siehe: Rosa Turm

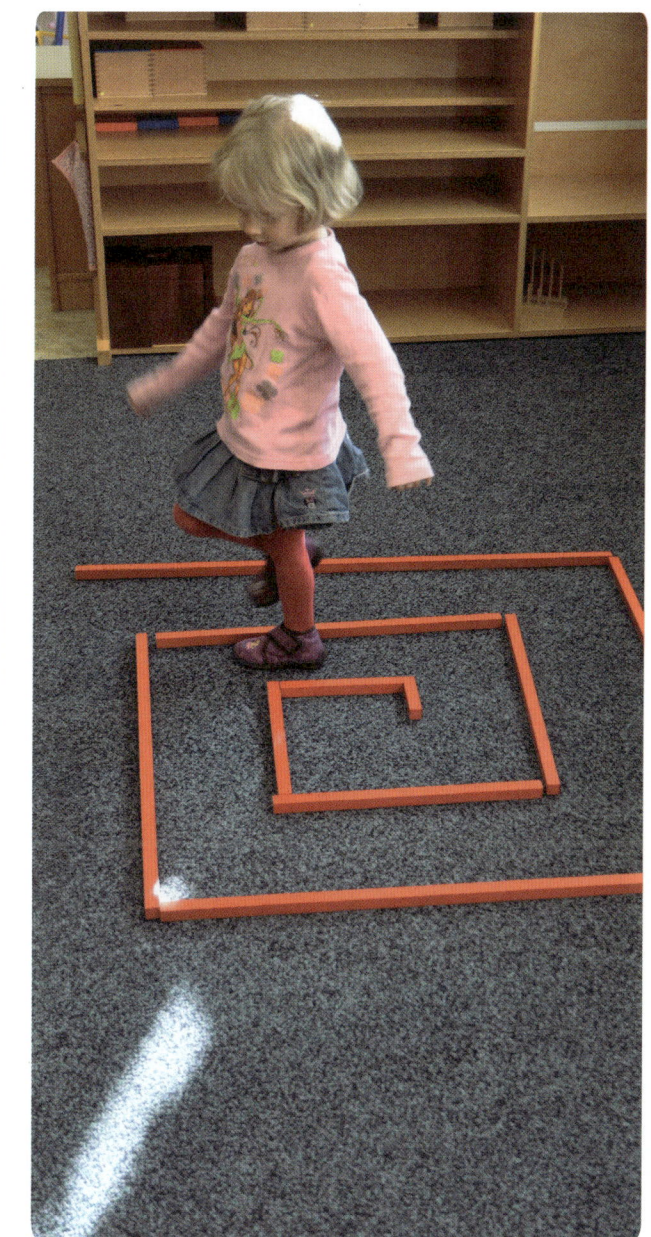

6. Wortlektionen

Die einzelnen Lektionen sind in ihrem Ablauf
gleich wie beim Rosa Turm, anders ist die Eigenschaft,
die nun benannt wird.

Unterschied: lang - kurz

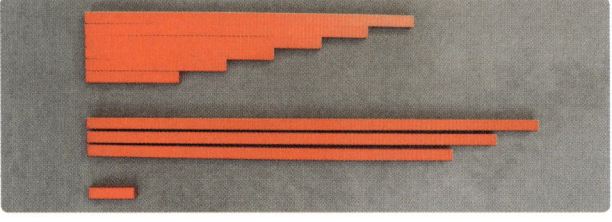

Steigerung: lang - länger - am längsten

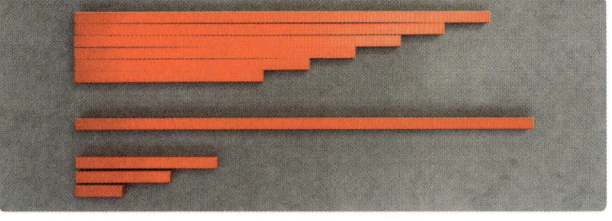

kurz - kürzer - am kürzesten

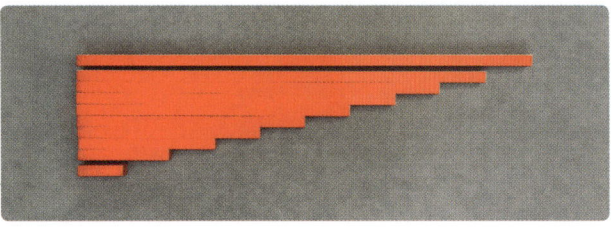

Extreme: die längste – die kürzeste

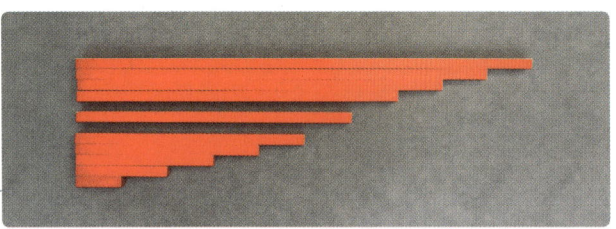

Relation in der Reihe: länger als - kürzer als

7. Kombination mit anderen Materialien

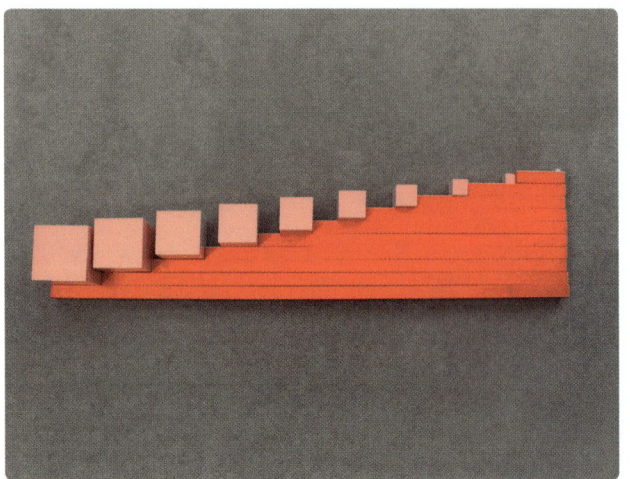

Notizen:

1. Dimensionen
1.3 Einsatzzylinder

Das besondere „Innenleben" der Zylinderblöcke verlockt nicht nur Kinder zum Verweilen, Probieren und Forschen.
Ist es anfangs vielleicht nur das einfache Bedürfnis, für einen Zylinder die passende Bohrung zu finden,
so wecken die inneren Baupläne der einzelnen Blöcke und ihre Kombinationsmöglichkeiten bald den Forschergeist.

Bevor wir uns mit der Darbietung des Materials auseinandersetzten, ist es hilfreich, die einzelnen Blöcke kennenzulernen
und zu verstehen, was sie miteinander verbindet.

Ziele:

· Verfeinerung der Wahrnehmung
  von Dimensionen

· Erfahrung des Unterschieds von Positivformen
  (Zylinder) und Negativformen (Bohrungen)

· Benennen der Eigenschaften der positiven
  und negativen Formen

· Entwicklung kombinatorischer Fähigkeiten

· Indirekte Vorbereitung der Schreibhand
  auf die Stifthaltung

I. Die Zylinder

Block 1 - Zylinder:

Alle Zylinder sind gleich hoch, es verändert sich jedoch
der Durchmesser von dünn nach dick.
Eine Eigenschaft verändert sich.

Durchm.	1	„Von diesen beiden ist der **dick** und der ist **dünn**."	10
Höhe	10		10

Block 2 - Zylinder:

Alle Zylinder sind gleich dick, es verändert sich jedoch
die Höhe von niedrig nach hoch.
Eine Eigenschaft verändert sich.

**Werden die zwei Eigenschaften von Block 1 und 2
in einem dritten Block miteinander kombiniert,
so verändern sich in diesem der Durchmesser und die Höhe.**

Durchm.	4	„Von diesen beiden ist der **niedrig** und der ist **hoch**."	4
Höhe	1		10

Block 3 - Zylinder:

Veränderung des Durchmessers von dünn nach dick
und Veränderung der Höhe von niedrig nach hoch.

Wie abgebildet ist jeder Zylinder dicker und höher
als sein linker Nachbar.
Zwei Eigenschaften verändern sich.

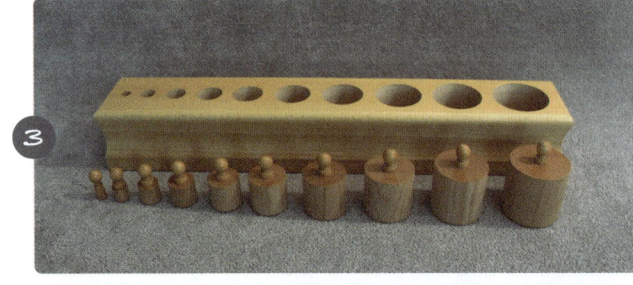

Durchm.	1	„Von diesen beiden ist der **dünn und niedrig** und der ist **dick und hoch**."	10
Höhe	1		10

Block 4 - Zylinder:

Nicht zuletzt kann man die Eigenschaften von Block 1 und 2
auch in entgegengesetzter Folge miteinander kombinieren.

Dann verändert sich der Durchmesser von dünn nach dick
und die Höhe von hoch nach niedrig.
Wieder zwei Eigenschaften verändern sich.

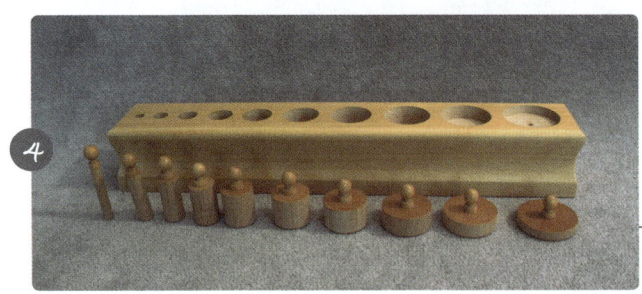

Durchm.	1	„Von diesen beiden ist der **dünn und hoch** und der ist **dick und niedrig**."	10
Höhe	10		1

2. Die Bohrungen

Betrachtet man nach den Positivformen (Zylinder)
die Negativformen (Bohrungen) so ergeben sich folgende
Namenslektionen:

Block 1 - Bohrung:

Durchm.	1	„Von diesen beiden ist das (Loch) **eng** und das ist **weit**.“	10
Tiefe	10		10

Block 2 - Bohrung:

Durchm.	4	„Von diesen beiden ist das (Loch) **flach** und das ist **tief**.“	4
Tiefe	1		10

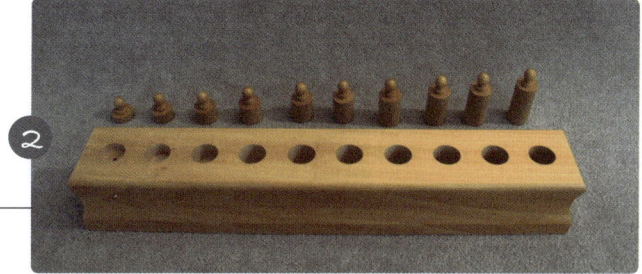

Block 3 - Bohrung:

Durchm.	1	„Von diesen beiden ist das (Loch) **eng und flach** und das ist **weit und tief**.“	10
Tiefe	1		10

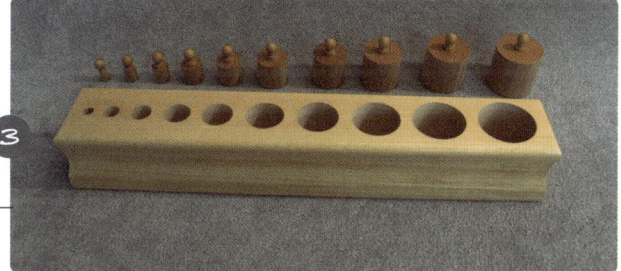

Block 4 - Bohrung:

Durchm.	1	„Von diesen beiden ist das (Loch) **eng und tief** und das ist **weit und flach**.“	10
Tiefe	10		1

3. Lektionen

Block 1

dick - dünn | weit - eng

a) Aus- und Einräumen

Zylinder herausheben: Die Leiterin fasst den dicksten
Zylinder mit drei Fingern (Schreibfinger) am Knopf, zieht
ihn behutsam aus der Bohrung und stellt ihn ab. In gleicher
Weise werden die anderen in der absteigenden Reihenfolge
herausgeholt und abgestellt.

Zylinder einräumen: Anheben des Zylinders mit der
Schreibhand. Mit zwei Fingern der freien Hand zuerst am
unteren Rand des Zylinders entlang fahren und dann die
dazu passende Bohrung (in Umfang und Tiefe) erspüren.
Zuletzt den Zylinder langsam und ganz präzise in die
Bohrung versenken.

b) Arbeiten aus der Unordnung

Die Zylinder werden herausgehoben und ungeordnet
vor den Block gestellt.
Dann Einräumen aus der Unordnung.
Nach wie vor bedächtig und präzise arbeiten.

c) Wiederholung

… der Übung mit geschlossenen Augen

d) Arbeit - nur mit den Zylindern

· Graduieren mit offenen und geschlossenen Augen.
· Disharmonie finden bei vertauschter Reihenfolge.
· Disharmonie finden, wenn ein Zylinder aus der Reihe
  entfernt und Lücke geschlossen wurde.

e) Wortlektion – Zylinder:

Alle Zylinder werden vor den Block gestellt und dann der dickste und der dünnste etwas nach vor geschoben.

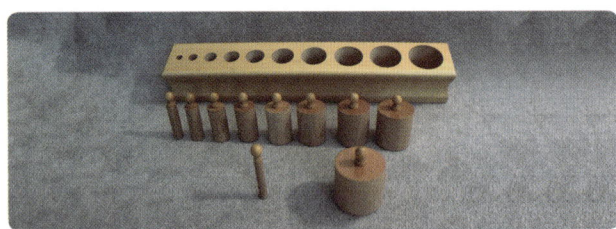

1. Stufe: „Von diesen beiden ist der dünn und der dick."
2. Stufe: „Zeig mir den, der dick ist. –
Zeig mir den, der dünn ist."
3. Stufe: „Wie ist der?" – „Dick." – „Wie ist der?" – „Dünn."

Wenn es zur Vertiefung der Begriffe als notwendig erscheint oder wenn das Kind Lust dazu hat, können auch die anderen Beziehungen in dieser Reihe benannt werden.

dicker als - dünner als
der dickste - der dünnste
dick, dicker, am dicksten - dünn, dünner, am dünnsten

f) Wortlektion – Bohrung:

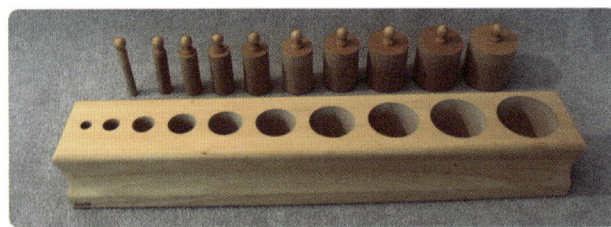

Alle Zylinder stehen hinter dem Block. Die Leiterin zeigt auf die weiteste und dann auf die engste Bohrung und spricht:
„Von diesen beiden ist das **weit** und das ist **eng**."
Darauf folgen wieder die 2. („Zeig mir...") und die 3. Stufe („Wie ist ...?") der Wortslektion.

Die Arbeit mit den anderen Blöcken folgt dem gleichen Muster.

Block 2

Zylinder: niedrig - hoch

Bohrung: flach - tief

Block 3

Zylinder: dünn und niedrig - hoch und dick

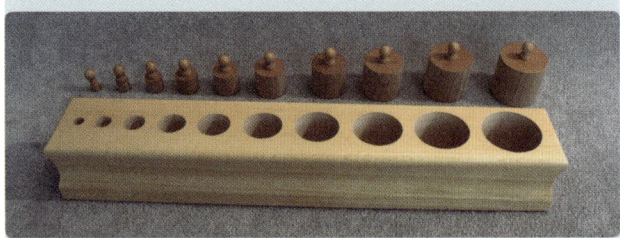

Bohrung: eng und flach - weit und tief

Block 4

Zylinder: dünn und hoch - dick und niedrig

Zylinder: eng und tief - weit und flach

4. Vertiefende Übungen

Kombinationen

Beliebt ist die Arbeit mit zwei, drei oder vier Blöcken. Dabei werden die Zylinder zwischen die Blöcke gestellt und von dort wieder in die richtigen Bohrungen zurückgesteckt.

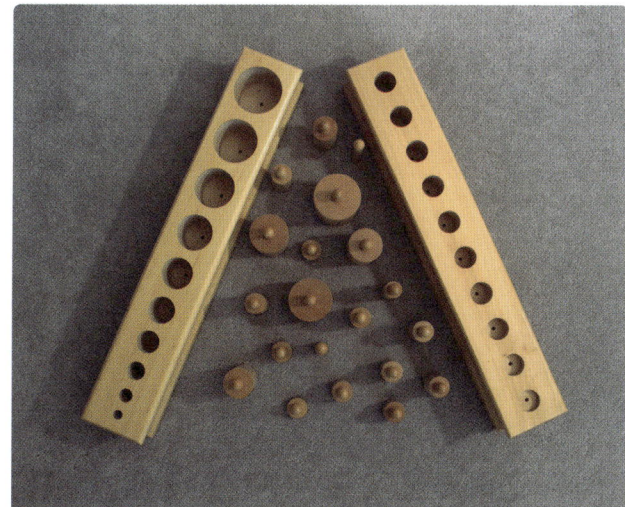

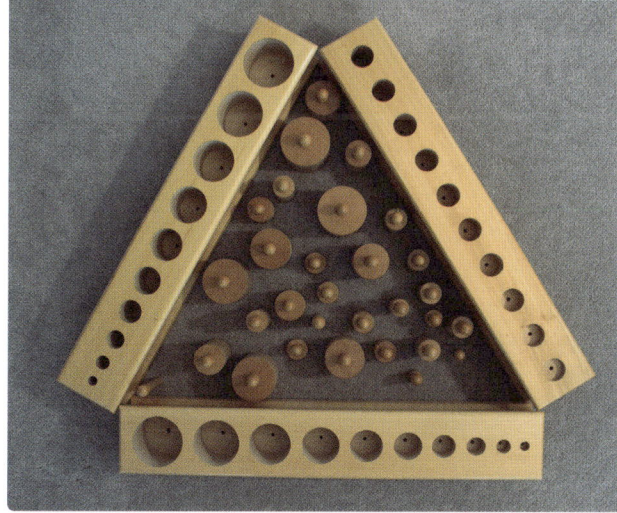

Steigerung der Schwierigkeit durch vorheriges Abschätzen der Dimensionen

Hier wird die Wahrnehmung der Unterschiede besonders gefordert.

· Alle Zylinder sind ausgeräumt.
· Das Kind zeigt mit einer Hand auf einen Zylinder, mit der anderen auf die Bohrung, von der es annimmt, dass sie die passende ist. Dann wird der Zylinder in die Bohrung gesteckt. Ist die Zuordnung nicht richtig, wird neuerlich verglichen und versucht.

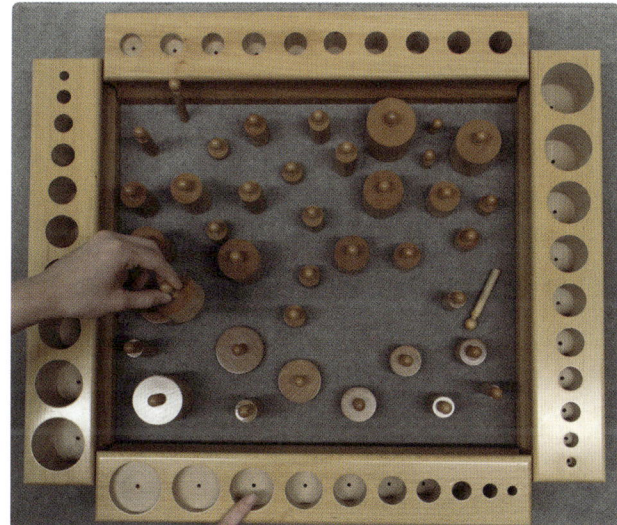

Sortieren nach gleichen Eigenschaften

Alle Zylinder sind ausgeräumt.
1. Auftrag: „Stelle die Zylinder, die gleich **dick** sind, in Gruppen zusammen."
2. Auftrag: „Stelle alle Zylinder, die gleich **hoch** sind, in Gruppen zusammen."

Im Gespräch über die Sortierarbeit reflektiert das Kind sein Tun und lernt seine Gedanken in Worte zu fassen. Hilfreiche Fragen:

· Was fällt dir auf?
· Was vermutest du, warum das so ist?
· Ist es dir leicht/schwer gefallen?
· Hast du dir gedacht, dass so eine Ordnung herauskommen wird?

Denkarbeit

Gibt es Zylinder, die in zwei Blöcke passen?

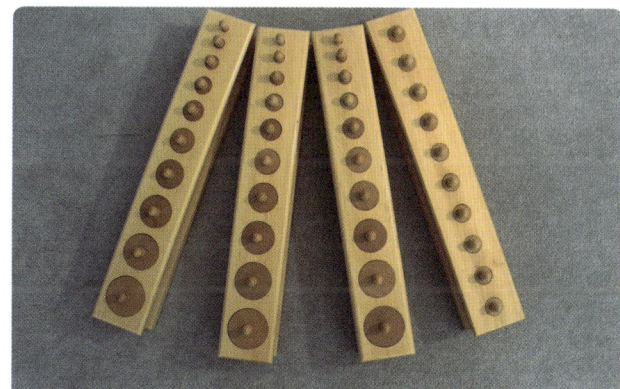

Wieder soll das Kind motiviert werden, seine Überlegungen und Erfahrungen in Worte zu fassen. Hilfreiche Fragen:

· Wie viele „Tauschzylinder" (Zwillinge) gibt es?
· Hast du dich täuschen lassen? Wovon?
· Wann warst du sicher?
· Auf was bist du drauf gekommen?

1. Dimensionen
1.4 Farbige Zylinder

Die Farbigen Zylinder sind die „unbehausten" Zwillinge der Einsatzzylinder.
Ihre Farbigkeit und die fehlenden Knöpfe lassen sie auf den ersten Blick als etwas ganz Neues erscheinen.
Erst bei der Arbeit erschließt sich die „Verwandtschaft" zu den Einsatzzylindern.

Die roten Zylinder entsprechen dem Block 1, die blauen dem Block 2, die gelben dem Block 3 und die grünen dem Block 4.
Ihre Attraktivität dürfte in ihrer besonders leuchtenden Lackierung und den unzähligen konstruktiven Möglichkeiten
begründet sein.

Ziele:

Entwicklung der Lust am kreativen Gestalten und
des motorischen Geschicks durch Graduierungs-,
Kombinations- und Konstruktionsaufgaben

Graduieren mit einem Kasten

Die Leiterin wählt mit dem Kind einen Kasten, nimmt die Zylinder heraus und stellt den Kasten beiseite.

Dann wird aus der Unordnung heraus eine sich gleichmäßig verändernde Reihe hergestellt. Diese wird dann von allen Seiten betrachtet und mit der Hand der Veränderung nachgespürt.

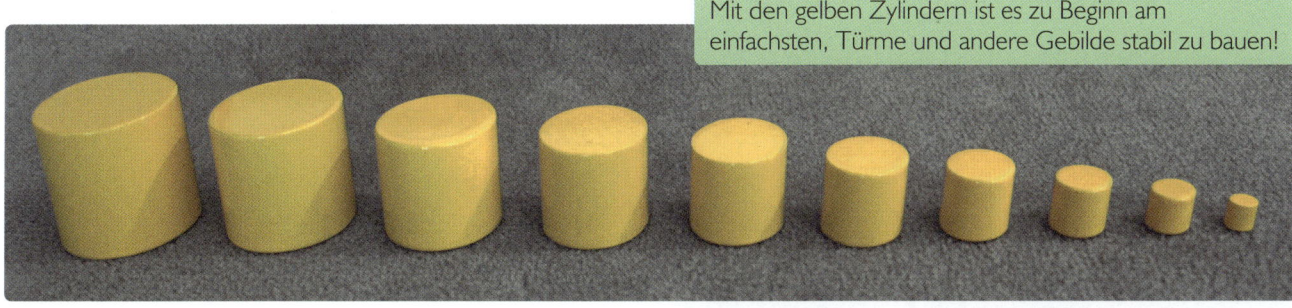

Wortlektionen

Wenn es angebracht erscheint, kann bei allen vier Kästen die Wortlektion durchgeführt werden.

Die Eigenschaftswörter sind die gleichen wie bei den Einsatzzylindern.

> Mit den gelben Zylindern ist es zu Beginn am einfachsten, Türme und andere Gebilde stabil zu bauen!

Variationen

Nach der einleitenden Graduierungsübung geht es wieder darum, möglichst neue, interessante Ordnungen zu erfinden.

Hier liegt es bei der Leiterin, vielleicht indem sie selbst beginnt, einen besonderen Turm zu bauen, beim Kind die kreative Schaffensfreude in Schwung zu setzten.

Disharmonie

Das Kind hat die Augen geschlossen.
Die Leiterin vertauscht zwei Zylinder in der Reihfolge oder sie nimmt einen Zylinder aus der Reihe.
Nach dem Öffnen der Augen sucht das Kind die Störung.

Die weiteren Kästen werden in der gleichen Weise eingeführt.

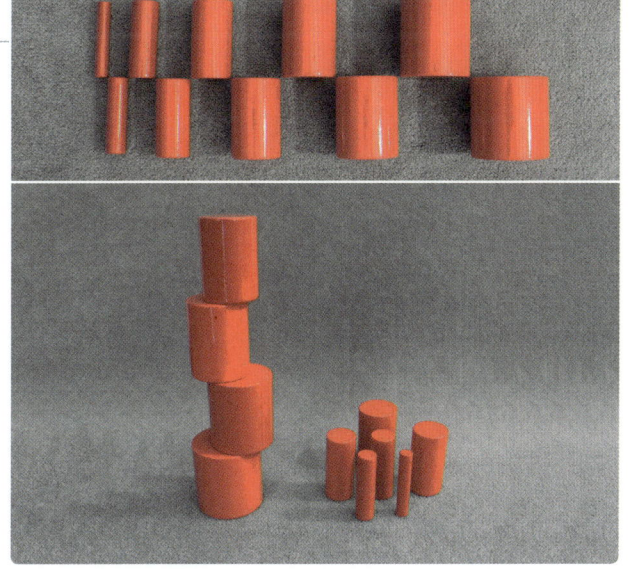

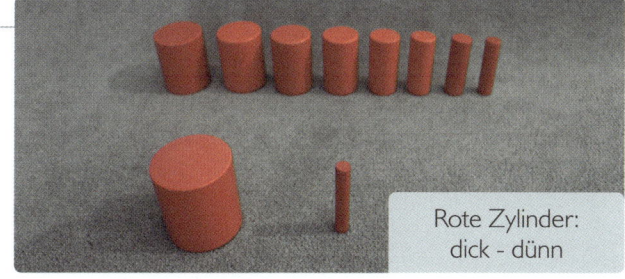

Rote Zylinder:
dick - dünn

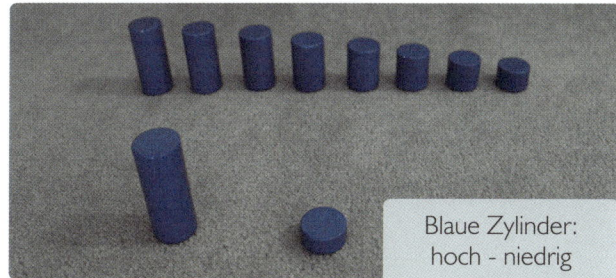

Blaue Zylinder:
hoch - niedrig

Gelbe Zylinder:
dick und hoch - dünn und niedrig

Grüne Zylinder:
dick und niedrig - dünn und hoch

Kombination von zwei und mehreren Kästen

Wie schon oben bei den Variationen begonnen, ergeben sich durch die schrittweise Hinzunahme der weiteren Kästen viele interessante Möglichkeiten für neue Kombinationen, sowohl in der Horizontalen als auch in der Vertikalen. Neue Gebilde können fotografiert und so der Erfindungsreichtum der Kinder in einer kleinen Ausstellung dokumentiert werden.

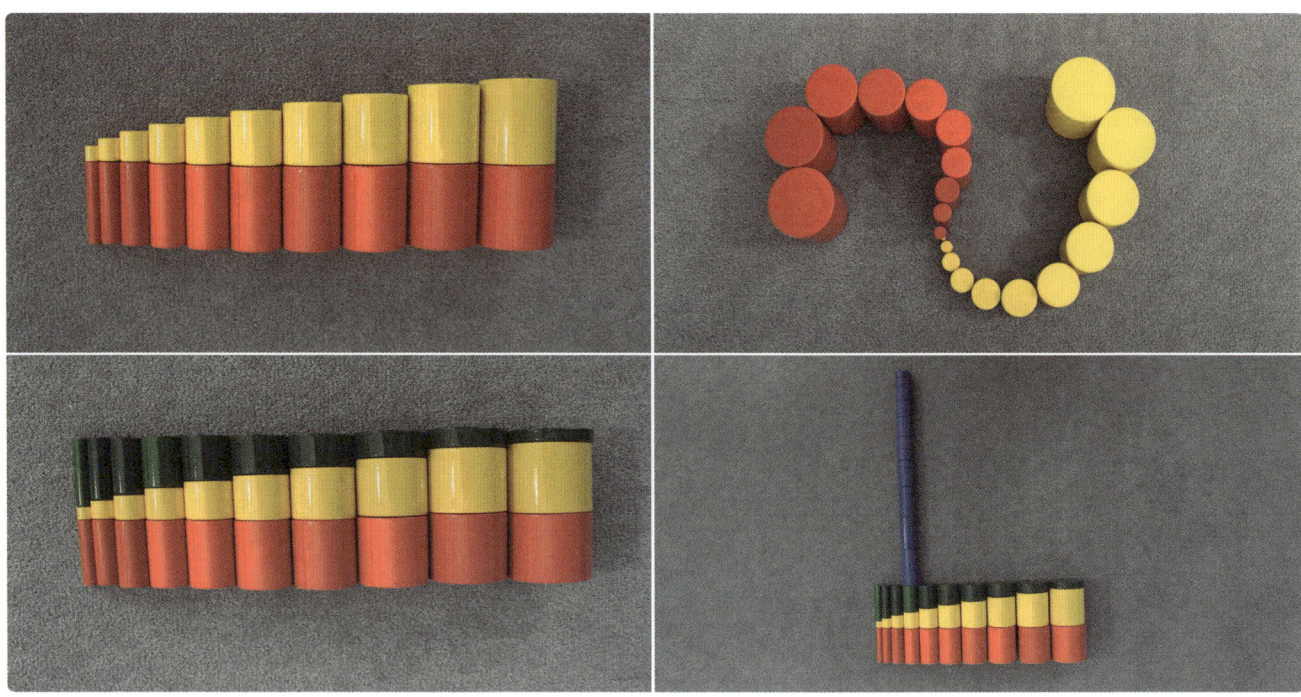

Vorschläge für systematische Ordnungsübungen

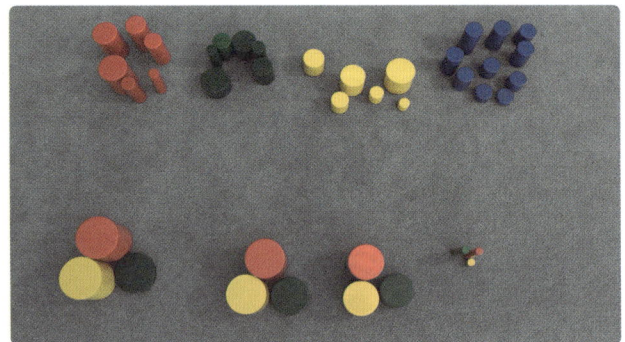

„Stelle alle Zylinder, die gleich dick sind, zusammen."

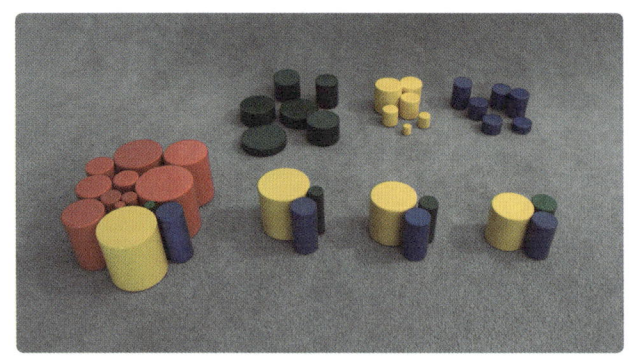

„Stelle alle Zylinder, die gleich hoch sind, zusammen."

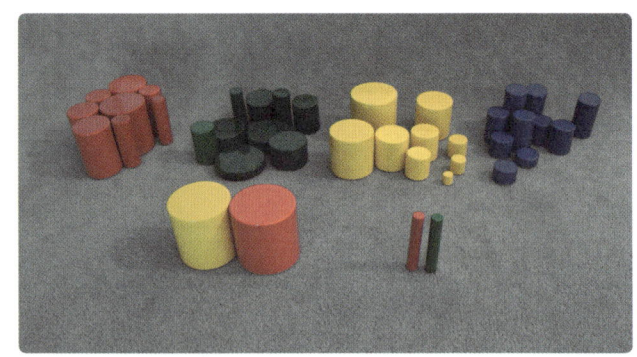

„Suche Zylinder, die gleich hoch und gleich dick sind."

Kombination Farbige Zylinder und Einsatzzylinder

Bei dieser Übung wird die Verwandtschaft der beiden Materialien offensichtlich.

Beispiel - Kombination Block 1 und Rote Zylinder
Abfolge:

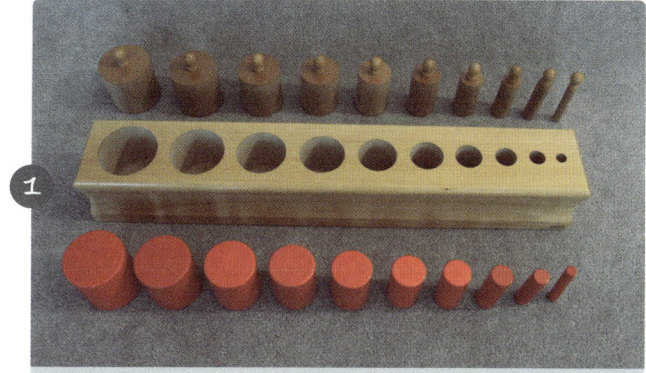

1 Einsatzzylinder und rote Zylinder vor/hinter dem Block graduiert aufstellen.

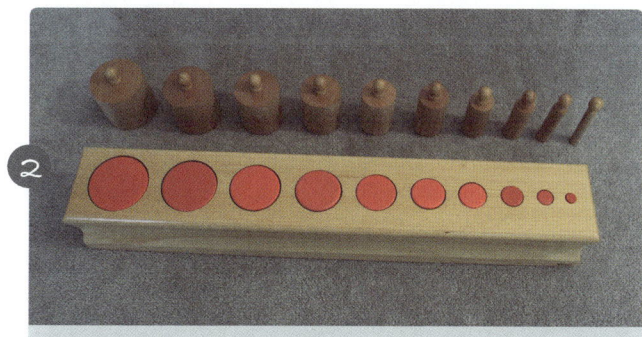

2 Die roten Zylinder vorsichtig in die Bohrungen setzen. Die herausleuchtenden roten Kreisflächen mit den Fingern bestreichen.

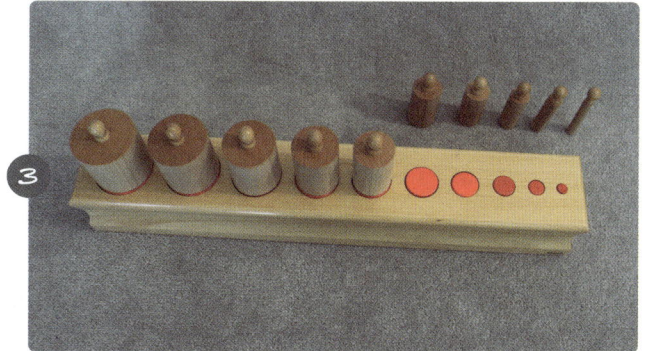

3

4

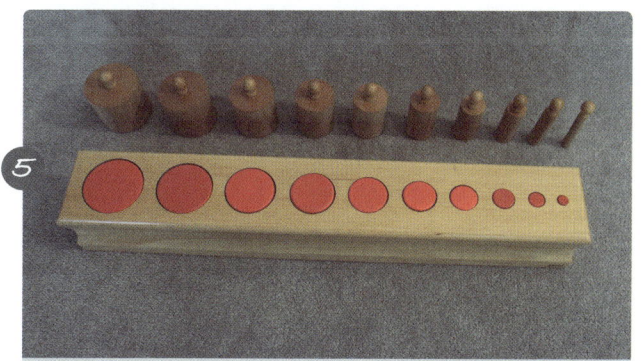

5 Die Einsatzzylinder auf die dazupassenden roten Kreise stellen und anschließend nach hinten abräumen.

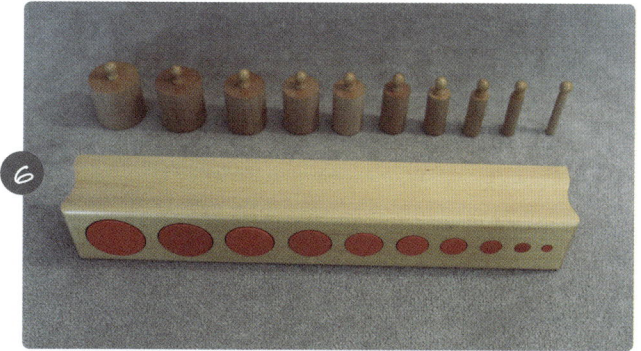

6

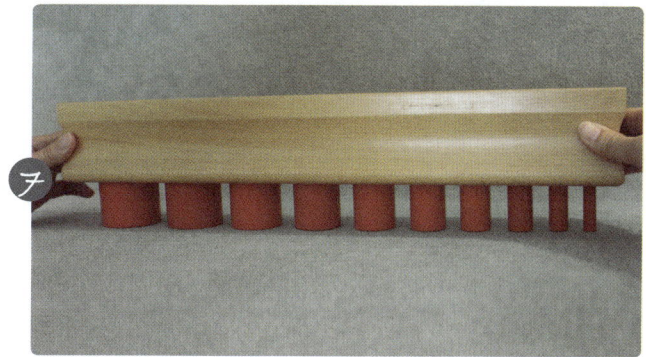

7

8 Den Block einmal nach vorne kippen (rote Kreise in Vorderansicht), dann noch einmal rasch kippen und dann den Block vorsichtig nach oben abheben. Nun müssten die roten Zylinder in geordneter Folge am Teppich stehen.

Danach werden auch die anderen Blöcke mit den bunten Zylindern kombiniert.

Die Farbigen Zylinder im Koordinatensystem

Trage dazu die vier Zylinderserien in die Koordinaten in ihren Farben ein.
Welche Zylinder sind gleich? Im Koordinatenfeld sind sie leicht zu finden.

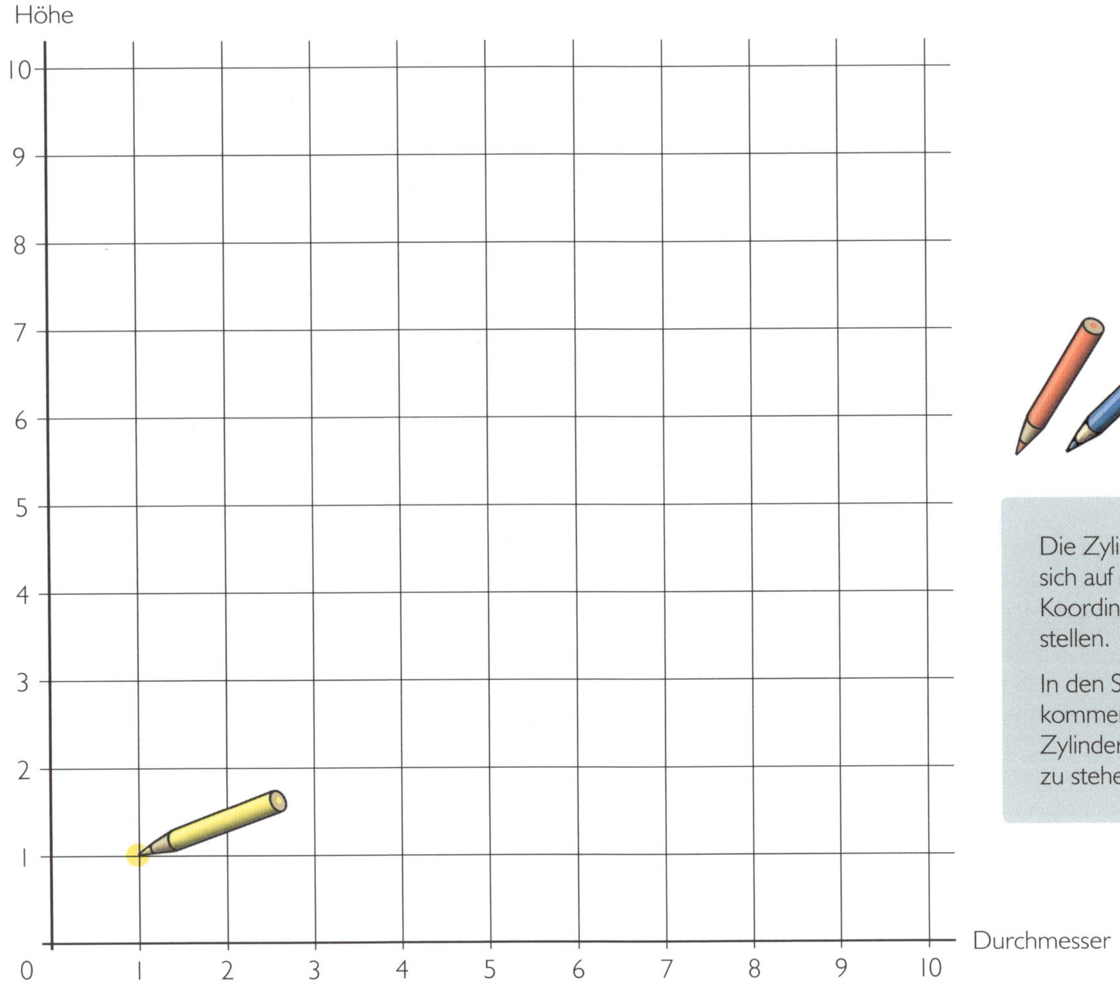

Höhe

Durchmesser

Die Zylinder lassen sich auf ein großes Koordinatenplakat stellen.

In den Schnittpunkten kommen zwei gleiche Zylinder übereinander zu stehen.

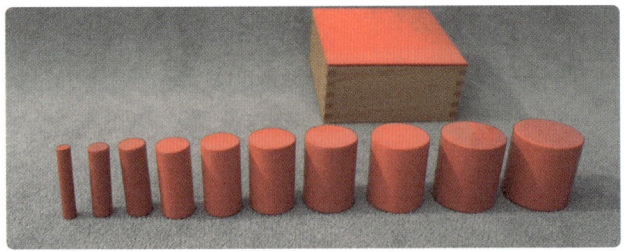

Durchmesser 1 – 10 · Höhe 10

Durchmesser 4 · Höhe 1 - 10

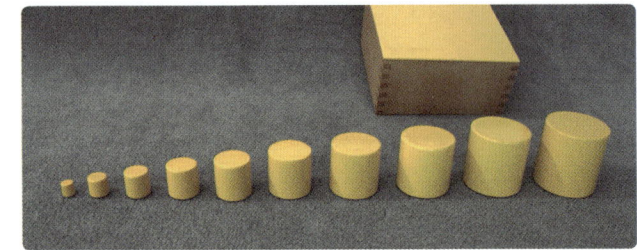

Durchmesser 1 – 10 · Höhe 1 – 10

Durchmesser 1 – 10 · Höhe 10 – 1

2. Farben
2.1 Farbtäfelchen

Farbe gehört für das Kind wohl zu jenem Sinneseindruck, der ihm schon früh als Eigenschaften bewusst wird.

Farbe als etwas, das es selbst mit Stiften oder Pinsel auftragen kann. So erlebt es, dass es Eigenschaften verleihen kann, dass diese austauschbar sind und jede einen ganz bestimmten Namen hat.

Ziele:

Farben unterscheiden und benennen

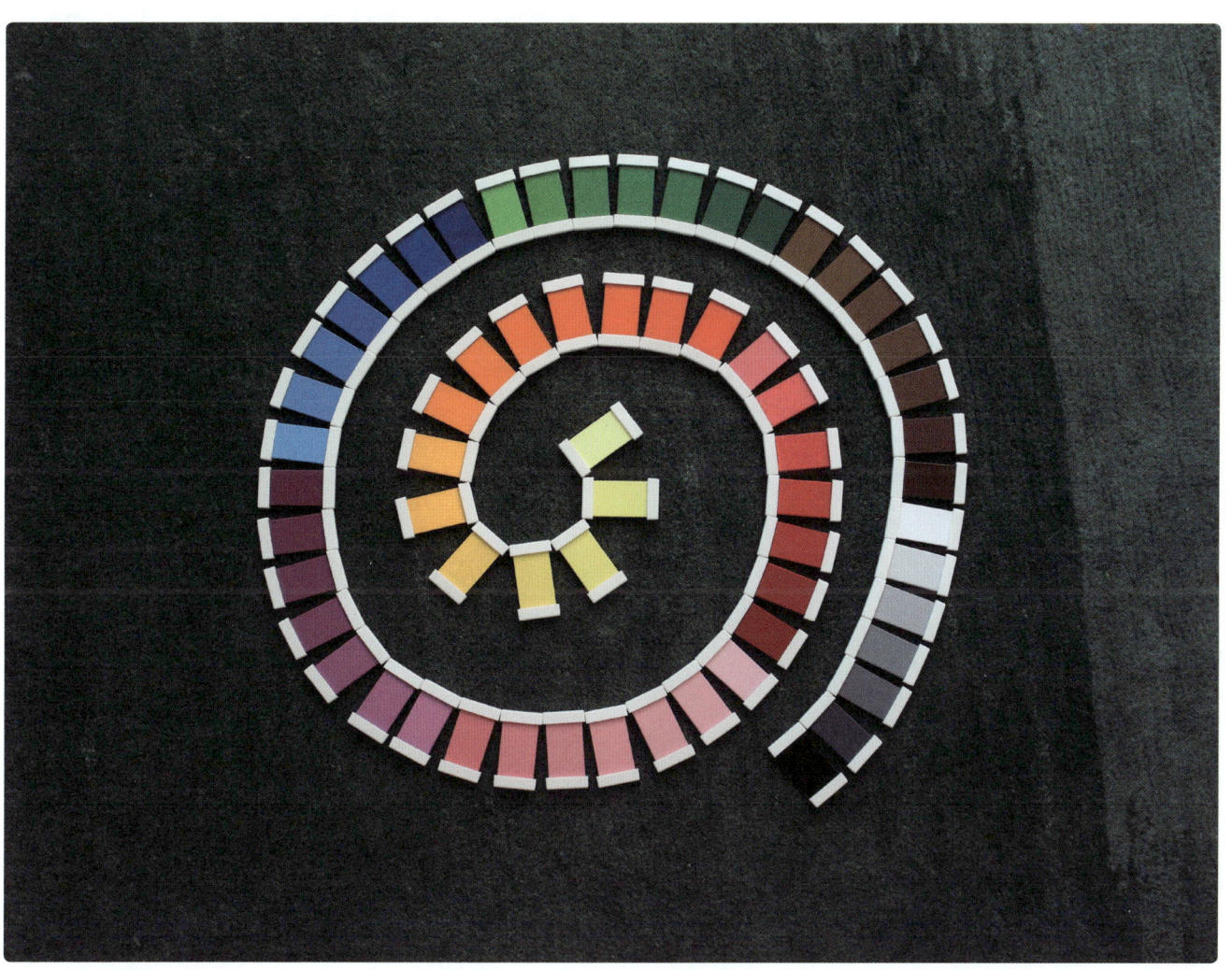

1. Grundfarben

1. Paaren

Die sechs Täfelchen werden am Teppich gemischt ausgelegt, dann jeweils die zusammenpassenden Paare gesucht.

2. Wortlektion Rot – Blau – Gelb

Die Namen der Farben werden mit den drei Stufen der Wortlektion eingeführt.

3. Anwendung (Grundfarben)

· Welche Farbe hat dein Leibchen?

· Bring mir etwas, das gelb ist.

2. Mischfarben, Weiß und Schwarz

1. Paaren

Beim zweiten Kasten wiederholt sich die Übung des Paarens, so wie oben schon dargestellt. Um das Kind nicht zu überfordern, ist es sinnvoll die Anzahl der Farbtäfelchen schrittweise zu steigern.

2. Wortlektion

Orange, Rosa, Violett, Grün, Braun, Schwarz, Weiß, Rot, Blau, Gelb

3. Anwendung

· Welche Farbe hat ...?

· Bring mir etwas, das orange ist.

· Versuch mit Lebensmittelfarben: aus den Grundfarben Mischfarben herstellen.

· Versuch mit Transparentfolien in Rot, Blau und Grün: zwei Folien übereinander legen und gegen das Licht halten oder Fensterfolien übereinander ans Fenster kleben - sie haften durch Adhäsionskraft.

3. Abstufung von hell nach dunkel

Kasten 3

Farben: Rot, Blau, Gelb, Orange, Rosa, Violett, Grün, Braun und Grau

1. Graduieren

Eine Serie wird gemischt auf dem Teppich ausgelegt. Das hellste und das dunkelste Täfelchen werden herausgesucht und dann werden die anderen Nuancen dazwischen eingeordnet. Es erleichtert das Finden, wenn bei jedem Einordnen mit den Nachbarn verglichen wird.

2. Wortlektion

· hell – dunkel
· hell – heller – am hellsten
  dunkel – dunkler – am dunkelsten
· das hellste – das dunkelste
· heller als – dunkler als

3. Disharmonie

Zwei Täfelchen vertauschen.

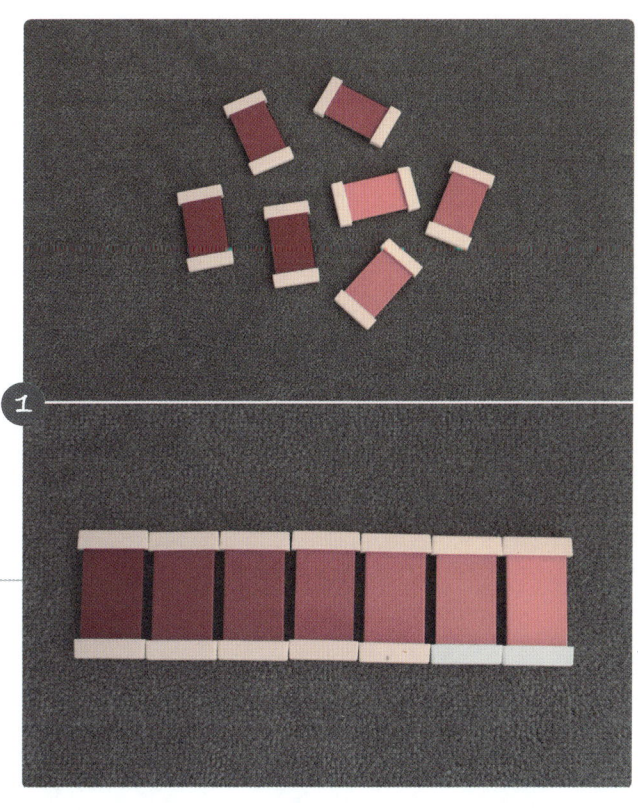

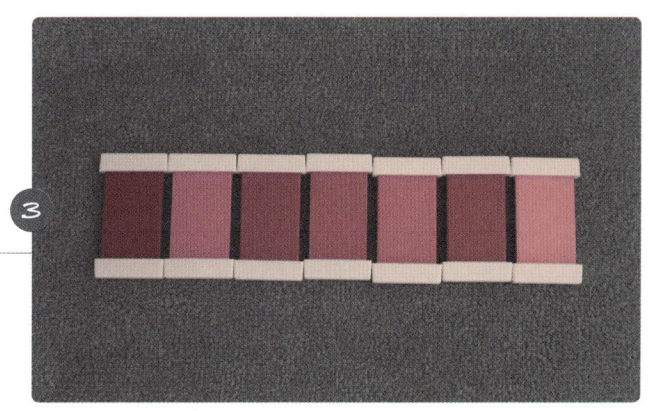

Notizen:

4. Übungen

· Schrittweise andere Farbreihen dazunehmen.

· Arbeit mit allen Täfelchen:

· In gleicher Abstufung nebeneinander auslegen.

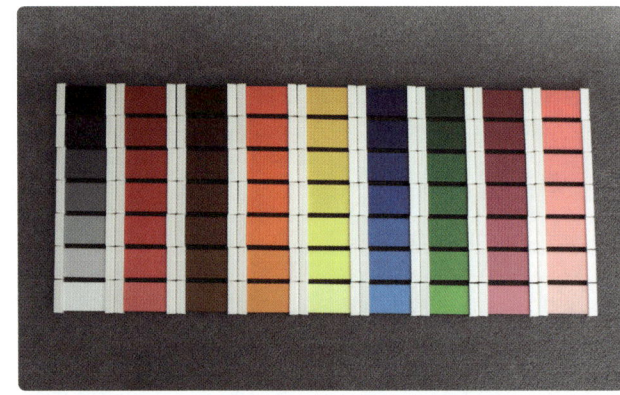

· Neunstrahliger Stern
  (innen hell, außen dunkel oder umgekehrt)

· Schlangen, Spiralen in unterschiedlichen inneren
  Ordnungen auslegen

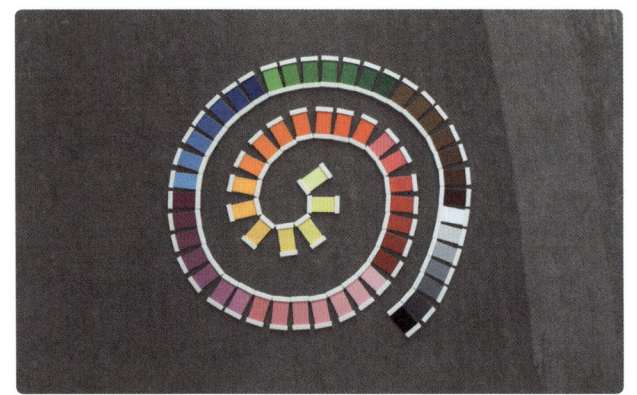

Notizen:

3. Lautstärken und Töne
3.1 Geräuschdosen

Nachdem nun schon wichtige Materialien vorgestellt wurden, ist es sicherlich hilfreich, an dieser Stelle nochmals den Blick für das Wesentliche zu schärfen.

Alle Sinnesmaterialien dienen einem Zweck, nämlich dem Kind zu helfen, jene grundlegenden Denkmittel zu entwickeln, die es braucht, um sich die Vielfalt und den Reichtum der Welt erschließen zu können.

Die äußere Welt tritt ihm in Form von Sinnesreizen entgegen. Es reicht jedoch nicht aus, Reize und Sinneszellen lediglich in Kontakt miteinander zu bringen (z.B. Schallwellen mit den Haarzellen im Innenohr oder chemische Stoffe mit den Geschmacksknospen auf der Zunge).

Reize (Eigenschaften) müssen wahrgenommen und Gegenstand des Denkens, des Handelns und Sprechens werden.

Es gilt also…

· die Aufmerksamkeit bewusst auf Eigenschaften zu richten,

· Gleiches zu erkennen,

· Ungleiches voneinander zu unterscheiden,

· Ungleiches zueinander in Beziehung zu setzen

· … und schlussendlich das, was in den Sinnen ist, auch in Sprache zu fassen.

Paaren und Graduieren

Bei **Paarungsübungen** lernt das Kind Gleiches zu erkennen und Ungleiches zu unterscheiden.
Bei **Graduierungsübungen** lernt das Kind Ungleiches zueinander in Beziehung zu setzen und diese Beziehung zu benennen.

Materialien zum Paaren:

Stoffe, Geruchsdosen

Materialien zum Graduieren:

Rosa Turm, Braune Treppe, Rote Stangen

Materialien zum Paaren und Graduieren:

Geräuschdosen, Gewichtsbretter, Tasttäfelchen, Druckzylinder, Farbtäfelchen, Glocken, Einsatzzylinder, Bunte Zylinder

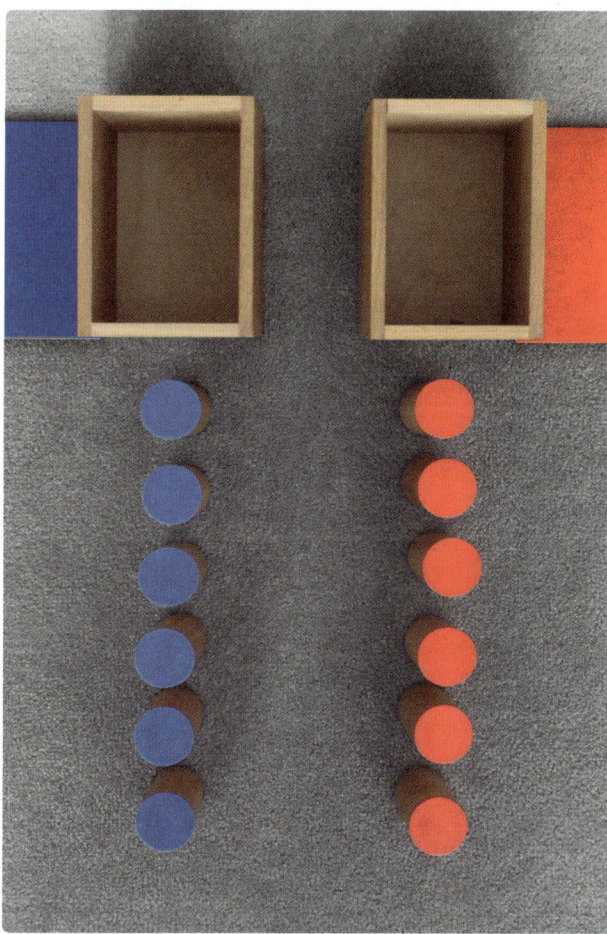

Ziel:

Verfeinerung der Wahrnehmung von Lautstärken

Begriffspaar: laut - leise

I. Paaren

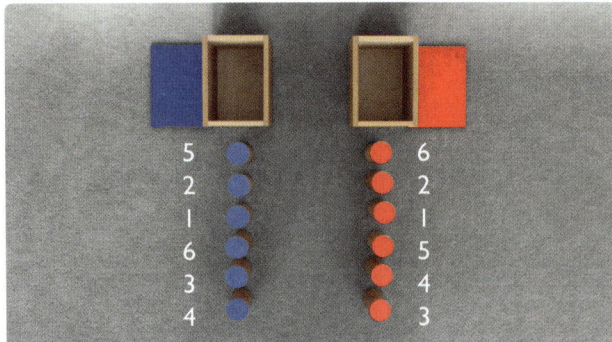

Beide Serien aufstellen.

Die rote und die blaue Serie werden getrennt voneinander auf den Teppich gestellt.

Leiterin zeigt, wie die Dose richtig gehalten und geschüttelt wird.

Halten zwischen Daumen und Mittelfinger und schütteln nahe am Ohr.

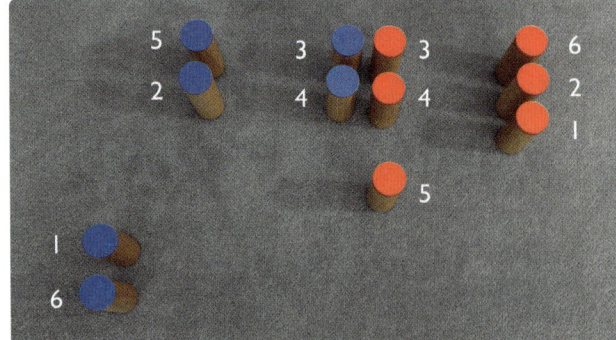

Systematisches Finden von Paaren.

Eine beliebige Dose der roten Serie wird ausgewählt (z.B. 3) und dann der Reihe nach durch Schütteln mit der blauen Serie verglichen bis die gleiche gefunden ist. Passt eine Dose nicht, wird sie zur Seite gestellt.

Ist das Paar gefunden, wird es in die Mitte zwischen beide Serien gestellt.

Dann beginnt die Suche nach dem nächsten Paar von neuem. Zuvor müssen die ausgeschiedenen Dosen in die Reihe zurückgestellt werden.

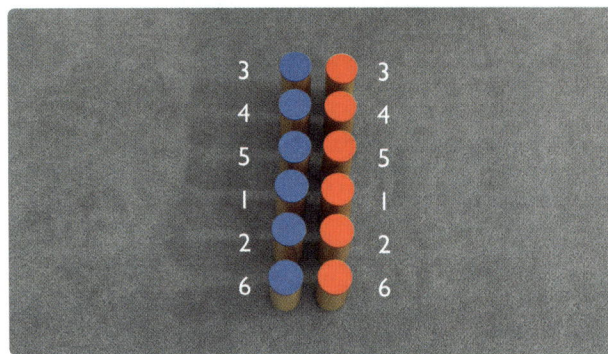

Die Übung ist beendet, wenn alle Paare gefunden sind.

Kommentar

Handhabung:

Die Dose zwischen Daumen und Mittelfinger halten und nahe am Ohr gleichmäßig schütteln – sich auf das Geräusch konzentrieren. Dosen nicht mit der ganzen Hand umschließen, da sonst das Geräusch gedämpft wird. Wichtig ist auch, dass jede Dose vor beiden Ohren geschüttelt wird.

Vergleichen:

Die Pärchen durch wahlloses Vergleichen zu suchen, kann leicht als ein langwieriges und unbefriedigendes Unterfangen enden.

Eine gute Strategie lenkt die Handlung systematisch dem Ziel entgegen. Manche Kinder gehen von sich aus systematisch vor, andere brauchen das Modell der Leiterin. Beide Male lernt und übt das Kind planvoll und strategisch zu handeln.

Weitere Übungen zum Paaren:

Gruppenübung: Die Dosen werden auf zwölf Kinder verteilt. Auf ein Signal versuchen sich die Pärchen zu finden. Dann werden die Dosen wieder gemischt und neuerlich können sich die Pärchen suchen.

Gedächtnisübung: Beide Serien werden in größerem Abstand voneinander aufgestellt. Das Kind schüttelt eine Dose, stellt sie wieder ab, geht dann zur anderen Serie und versucht dort die gleiche zu finden.

Das geht so lange, bis alle Paare gefunden sind. Bei dieser Distanzübung wird das akustische Gedächtnis besonders gefordert.

2. Graduieren

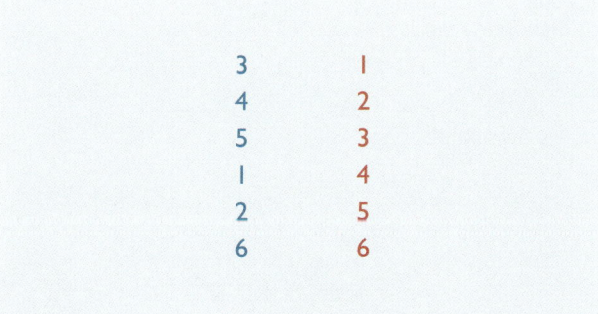

Die Leiterin graduiert.

Nun ordnet die Leiterin die Dosen auf ihrer Seite nach der Lautstärke. Zuerst werden die lauteste und die leiseste gesucht und dann die Mittleren dazwischen gestellt.

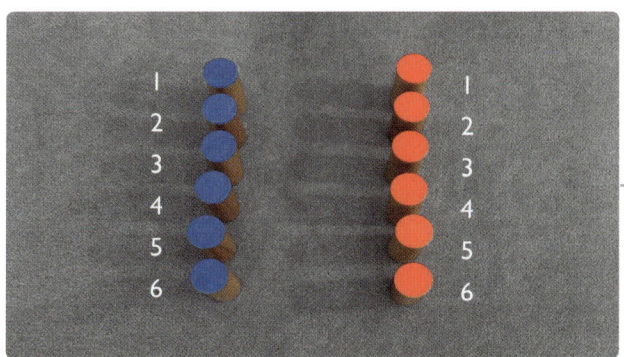

Das Kind graduiert.

Dann graduiert das Kind die Dosen auf seiner Seite.

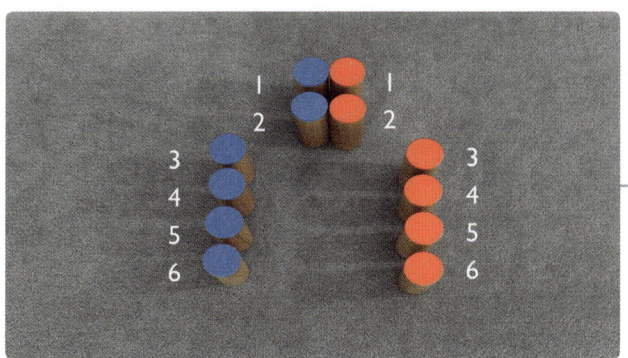

Kontrolle durch Paaren.

Zur Kontrolle werden die sich gegenüberstehenden Dosen überprüft, ob sie gleich laut sind und dann Schritt für Schritt in die Mitte zusammengeschoben.

Weitere Übungen zum Graduieren:

Graduierung ausgehend von der lautesten, der leisesten oder von einer beliebigen Dose.

Die beiden Serien werden an je sechs Kinder verteilt. Jede Gruppe soll sich der Lautstärke nach ordnen. Stellt man die beiden Gruppen gegenüber, so kann paarweise das Ergebnis überprüft werden.

1 2 3 4 5 6

1 2 3 4 5 6

Blind:

Blindübungen im eigentlichen Sinn erübrigen sich, da die Eigenschaft nicht getastet werden kann. Manchen Kindern fällt es aber leichter, sich auf die Geräusche zu konzentrieren, wenn sie die Augen schließen.

Variationen:

Die Dosen in einer anderen Folge als laut-leise zu ordnen ist grundsätzlich möglich, aber schwierig.

Denkbar wäre auch, mit den Dosen einfache Rhythmen zu schütteln.

3. Disharmonie finden

„Fällt dir etwas auf?"

6 3 4 5 2 1

4. Wortlektionen

Unterschied: laut-leise

1. Stufe – Benennen

Eine Serie wird graduiert.

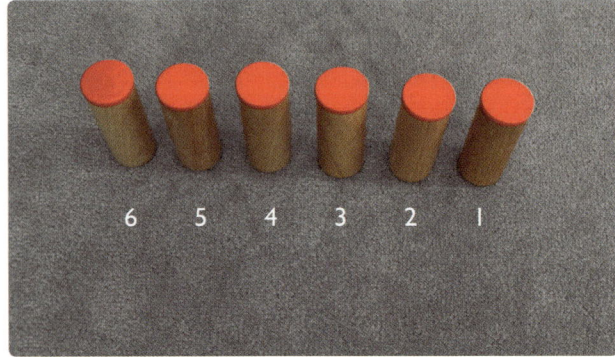

Die Leiterin nimmt die beiden Dosen mit dem größten Unterschied, schüttelt eine nach der anderen und sagt: „Von diesen beiden, ist die laut und die leise."

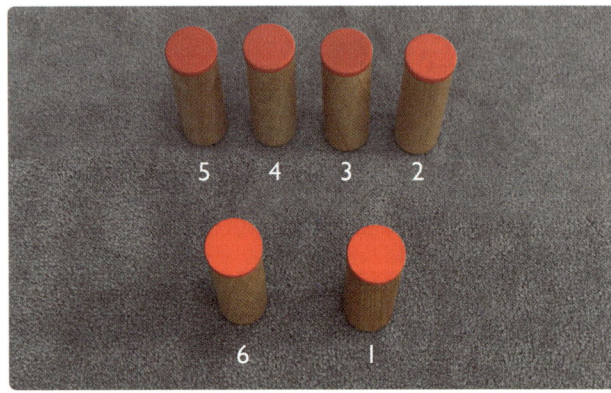

2. Stufe – Name und Objekt durch Handlung miteinander verknüpfen

· „Schüttle die, die laut ist."
· „Schüttle die, die leise ist."

Steigerung: laut – lauter – am lautesten

1. Stufe - Benennen

Anordnung der Dosen auf dem Teppich.

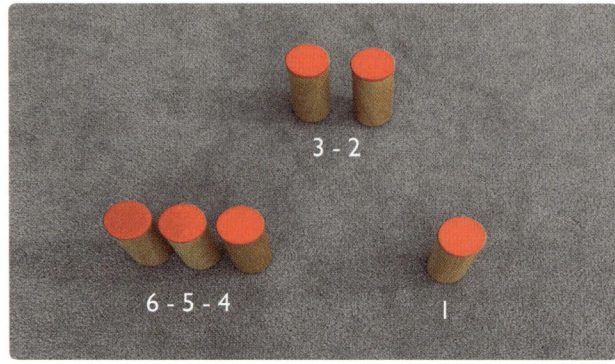

Leiterin schüttelt 1, dann die 4 und spricht: „Von diesen beiden ist die laut." Dann stellt sie 4 zurück und schüttelt 5 und 6. Sie spricht dazu: „Die ist lauter. Die ist am lautesten."

3. Stufe – Kind benennt

Leiterin schüttelt eine der beiden Dosen und fragt: „Wie ist die?" – „ Laut."
Dann schüttelt sie die zweite Dose und fragt wieder: „Wie ist die? - „Leise."

4. Stufe – Anwendung

· Leiterin mischt die Dosen und fordert das Kind auf eine laute und eine leise Dose herauszusuchen.
· Leiterin fordert das Kind auf laut/leise in die Hände zu klatschen.
· Leiterin fragt das Kind, wie das Ticken der Uhr und das Geräusch eines vorbeifahrenden Autos ist.
· Laute und leise Geräusche im Raum identifizieren lassen.

2. Stufe – Name und Objekt durch Schütteln miteinander verknüpfen

Leiterin:
„Schüttle die, die von diesen beiden laut ist." - Das Kind schüttelt.

„Schüttle die, die von diesen beiden lauter ist." - Das Kind schüttelt.

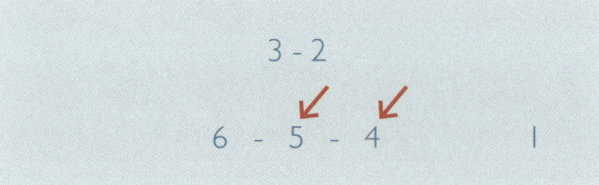

„Schüttle die, die am lautesten ist." - Das Kind schüttelt.

3. Stufe – Kind benennt

Leiterin schüttelt 4 und fragt:
"Wie ist die?" -
Kind benennt - „Laut."

3 - 2

6 - 5 - 4   1

Dann schüttelt sie 5 und fragt:
„Wie ist die?" - Kind benennt - „Lauter."

3 - 2

6 - 5 - 4   1

Zuletzt schüttelt sie die 6 und fragt:
„Wie ist die?" - Kind benennt - „Am lautesten."

3 - 2

6 - 5 - 4   1

Ebenso verläuft die Wortlektion bei:

laut – leiser – am leisesten

Steigerung:

Die Lektion zur Steigerung umfasst viele Zwischenschritte, bei denen jeweils etliche Dosen geschüttelt werden müssen, dadurch kann der harmonische Ablauf des Handlungsstrangs beeinträchtigt werden.

Es ist zu überlegen, dass, wenn ein Kind die logische Struktur und die sprachlichen Mittel der Steigerung schon bei anderen Materialien erfasst und geübt hat, die Steigerung nicht mehr über die Lektion eingeführt, sondern nur mehr in Übungen angewandt und gefestigt wird.

z.B.

Die Leiterin schüttelt der Reihe nach die Dosen 1 - 4 - 5 - 6 und lässt die Steigerung benennen.

3 - 2

6 - 5 - 4   1

oder:

Die Leiterin fordert das Kind auf: „Hol mir drei Dosen. Die eine soll **laut**, die zweite soll **lauter** und die dritte am **lautesten** sein."

oder:

Leiterin: „Klatsche dreimal in die Hände. Beim ersten mal **laut**, beim zweiten mal **lauter** und beim dritten mal am **lautesten**." -

Umgekehrt kann auch die Leiterin klatschen und das Kind fragen, was es gehört hat.

Extreme: Die lauteste – die leiseste

1. Stufe - Benennen

Die Leiterin graduiert die Dosen von 6 bis 1 und schüttelt dann nochmals die 6.

Dazu spricht sie: „Von diesen hier ist das die lauteste."
Dann schüttelt sie die 1 und spricht,
„Von diesen hier ist das die leiseste."

Während sie spricht, rückt sie die lauteste und die leiseste ein klein wenig von der Reihe ab.

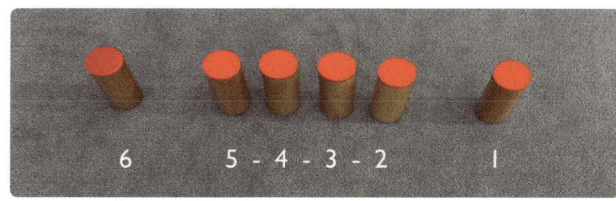

2. Stufe – Name und Objekt durch Hinzeigen miteinander verknüpfen

6 - 5 - 4 - 3 - 2 - 1

Leiterin: „Schüttle die, die von dieser Reihe die lauteste ist."
Leiterin: „Schüttle die, die von dieser Reihe die leiseste ist."

3. Stufe - Kind benennt

Leiterin schüttelt 6 und fragt:
„Welche ist das?" Kind benennt „Die lauteste."

Leiterin schüttelt 1 und fragt:
„Welche ist das?" Kind benennt „Die leiseste."

4. Stufe – Anwendung in der Umwelt

„Horch! Welches von den Geräuschen, die du gerade hörst, ist das lauteste/das leiseste?"

Relation in der Reihe: lauter als – leiser als

1. Stufe – Benennen

Die Leiterin schüttelt 6 - 5 und dann 4, dazu spricht sie:
„Diese (6 - 5) sind lauter als die (4)."
Anschließend schüttelt sie 3 - 2 - 1 und dann 4, dazu spricht
sie: „Diese (3 – 2 - 1) sind leiser als die (4)."

2. Stufe – Name und Objekt durch Hinzeigen miteinander verknüpfen

Leiterin schüttelt 4 und fragt:
„Schüttle eine, die lauter ist als die."
„Schüttle eine, die leiser ist als die."

3. Stufe - Kind benennt

Leiterin schüttelt 6 - 5 und dann 4, dabei fragt sie:
„Wie sind die?" – Kind: „Diese sind lauter als die."
Leiterin schüttelt 3 - 2 - 1- und dann 4 und fragt dazu:
„Wie sind die?" – Kind: „Diese sind leiser als die."

4. Stufe – Anwendung in der Umwelt

„Vergleiche das Tropfen des Wasserhahns und das Läuten
des Telefons."
„Schnalze lauter mit deiner Zunge, als ich das jetzt mache."

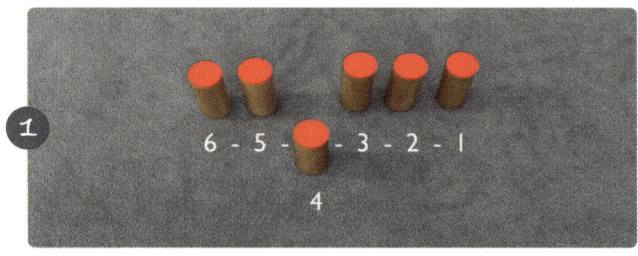

3. Lautstärken und Töne
3.2 Glocken

Vorbereitung des Materials durch die Leiterin:
Anordnen der weißen und schwarzen Glocken in aufsteigender Höhe auf die obere, grüne Hälfte der Unterlage.
Darunter werden die braunen Glocken auf der Klaviertastatur in gleicher Weise aufgestellt.

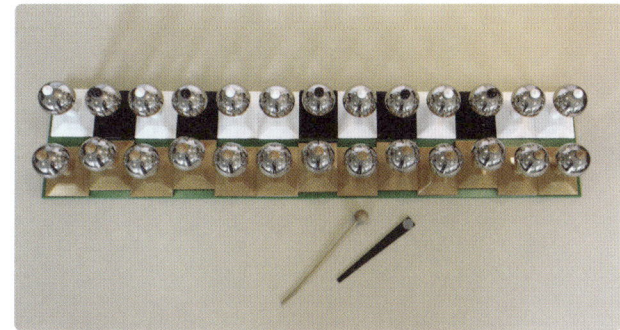

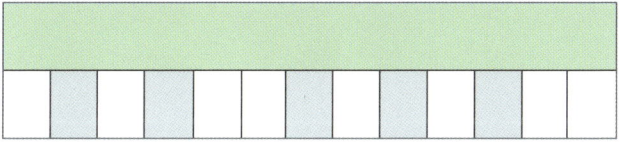

Unterlage

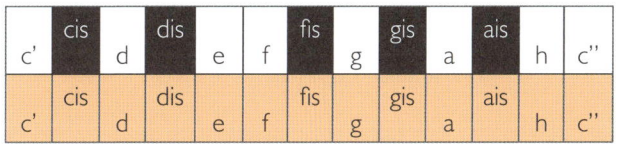

c'	cis	d	dis	e	f	fis	g	gis	a	ais	h	c''

c'	cis	d	dis	e	f	fis	g	gis	a	ais	h	c''

Grundordnung der Glocken

Handhabung:

Tragen: Jede Glocke einzeln und mit beiden Händen. Eine Hand dient als Tragefläche, die andere hält den Glockenstiel.
Anschlagen: Der Klöppel wird mit zwei Fingern so gehalten, dass das Gewicht nach unten hängt und locker schwingen kann. So wird ohne Druck die Glocke am Rand angeschlagen. - Klingen lassen.
Dämpfen: Mit Filzstäbchen oder Finger am unteren Rand der Glocke leicht andrücken. Immer bevor eine nächste Glocke angeschlagen wird, den Klang der vorhergehenden dämpfen.

Hörübung:

Das Kind soll die Augen schließen. Die Leiterin schlägt eine Glocke an und fordert das Kind auf, die Augen erst dann wieder zu öffnen, wenn es von der Glocke nichts mehr hört. Danach schlägt das Kind die Glocke an, hört und wird dann aufgefordert, den Ton zu summen oder zu singen. Bei dieser Übung soll mit Tönen in verschiedenen Höhen gearbeitet werden.

Paaren mit den Ganztönen

Paaren mit drei Glocken

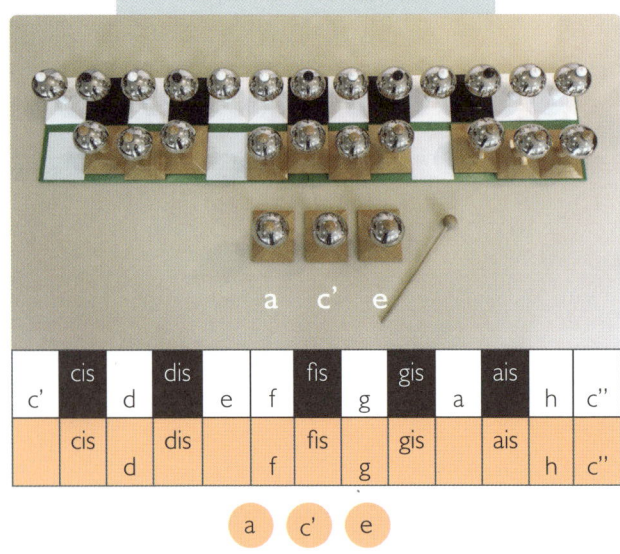

c'	cis	d	dis	e	f	fis	g	gis	a	ais	h	c''
	cis		dis			fis		gis		ais		
		d			f		g				h	c''

a   c'   e

- Drei braune Glocken, die sich in der Höhe deutlich unterscheiden, werden herausgestellt.
- Die Leiterin schiebt eine braune Glocke vor eine Lücke, schlägt sie an, horcht und dämpft sie.
- Dann schlägt sie die hinter der Lücke stehende weiße Glocke an und vergleicht.
- Ist die Tonhöhe gleich, wird die braune Glocke in die Lücke gestellt.
- Stimmt die Höhe nicht überein, wird mit der nächsten weißen Glocke verglichen.
- So lang bis alle drei braunen Glocken ihren Platz vor den weißen gefunden haben.

Paaren mit acht Glocken

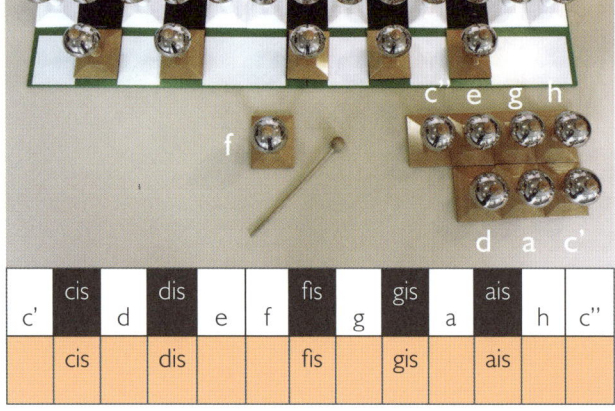

c'	cis	d	dis	e	f	fis	g	gis	a	ais	h	c''
	cis		dis			fis		gis		ais		

f   c'' e g h
          d   a c'

Steigerung der Schwierigkeit
durch Verwendung von fünf bzw. acht Glocken

Paaren mit den Zwischentönen

Paaren mit drei Halbtonglocken

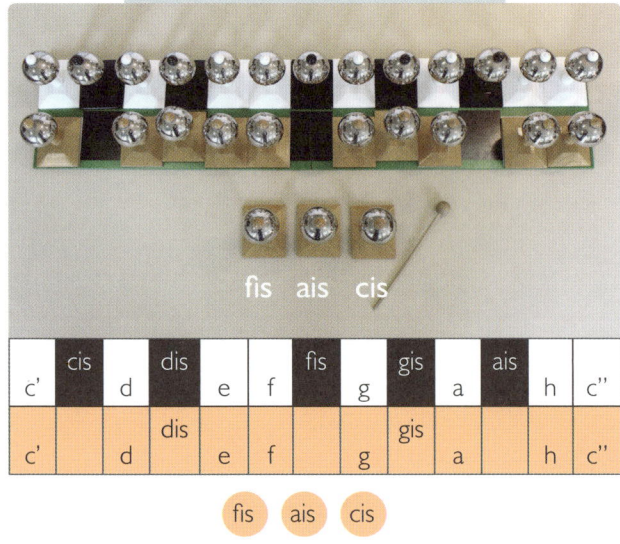

c'	cis	d	dis	e	f	fis	g	gis	a	ais	h	c''
			dis					gis				
c'		d		e	f		g		a		h	c''

fis   ais   cis

- Drei braune Halbtonglocken (sie stehen vor den schwarzen) werden herausgestellt.
- Dann wird wieder verglichen bis die gleiche Tonhöhe gefunden wird und die braune Glocke in ihre Lücke zugeordnet werden kann.

Steigerung der Schwierigkeit durch Verwendung von allen fünf Halbtonglocken.

Paaren mit fünf Halbtonglocken

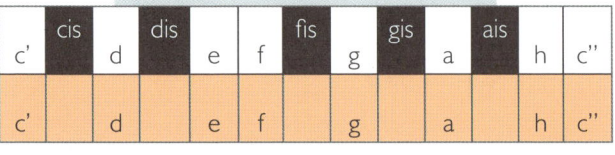

c'	cis	d	dis	e	f	fis	g	gis	a	ais	h	c''
c'		d		e	f		g		a		h	c''

dis   cis ais
                        gis fis

Graduieren

Graduieren mit drei Glocken (Dreiklang)

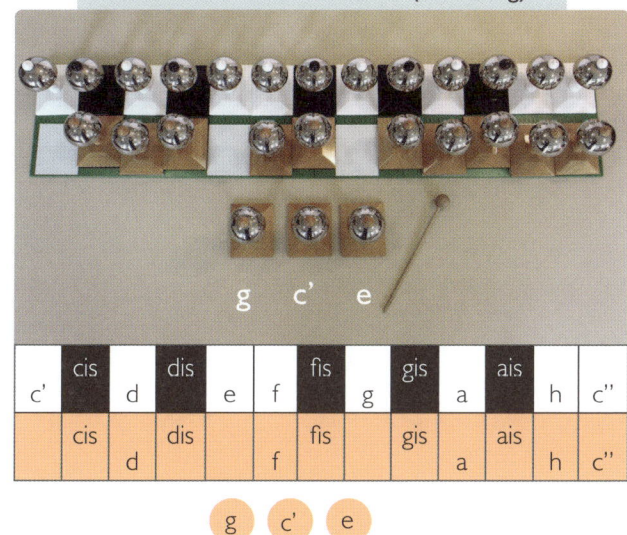

g   c'   e

c'	cis	d	dis	e	f	fis	g	gis	a	ais	h	c''
	cis	d	dis		f	fis		gis	a	ais	h	c''

g   c'   e

· Die Leiterin nimmt drei gut kontrastierende Glocken heraus, mischt sie, schlägt sie nacheinander an und vergleicht sie in der Tonhöhe.

· Ausgehend vom tiefsten Klang werden die Glocken aufsteigend geordnet.

Fertig!

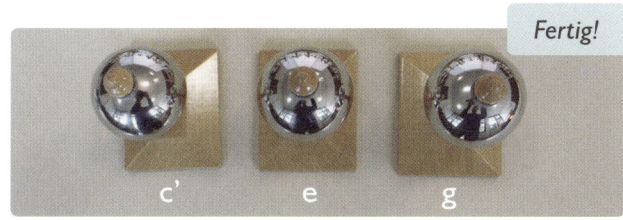

c'   e   g

· Abschließend werden die drei Glocken nochmals angeschlagen, sodass die aufsteigende/absteigende Reihe gut gehört werden kann.

Graduieren mit fünf und dann mit acht Glocken

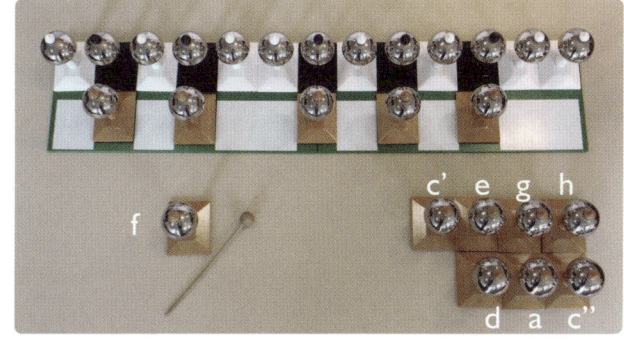

f   c' e g h
         d a c''

Fertig!

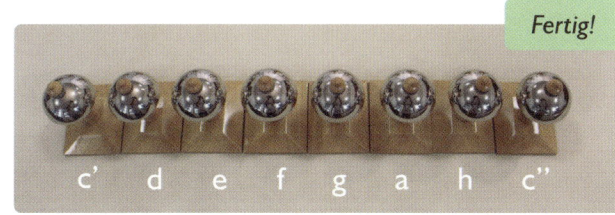

c' d e f g a h c''

Kontrolle durch abschließendes Zuordnen der „braunen" Tonleiter zur „weißen" Tonleiter auf der Klaviatur.

Graduieren mit fünf Halbtonglocken

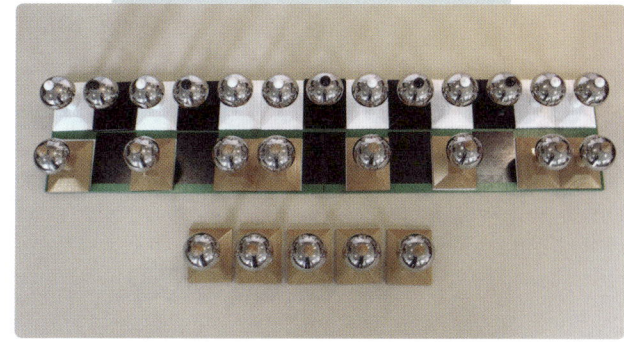

Graduieren mit allen dreizehn Glocken

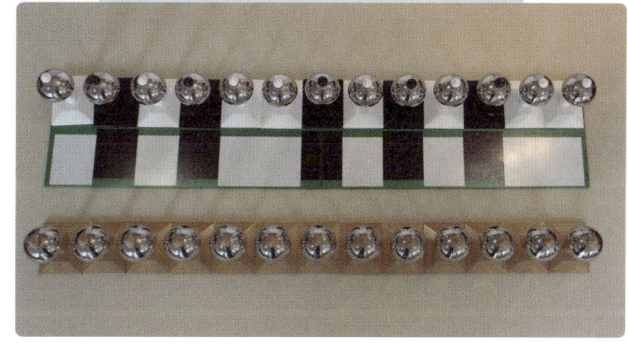

Der Ablauf folgt hier dem selben Muster wie beim Graduieren der acht Ganztonglocken.

Wichtig: Die Ordnung am Teppich hilft dem Kind planmäßig und zielsicher vorzugehen. Es ist darauf zu achten, dass nach jedem Anschlagen die Glocke wieder gedämpft wird, da der Nachklang das Vergleichen erschweren würde.

Weitere Übungen:

· Graduierung von einer beliebigen Glocke aus.

· Disharmonie in der C-Dur Tonleiter
  (alle von den weißen Standflächen) finden lassen:
  Eine Glocke aus der Reihe nehmen
  und die Lücke wieder schließen.
  Zwei Glocken ihrer Reihenfolge vertauschen.

· Gruppenübung mit acht Kindern:
  Jedes Kind bekommt eine braune Glocke.
  Die Tonleiter in der Gruppe bilden lassen.

Wortlektionen: hoch - tief

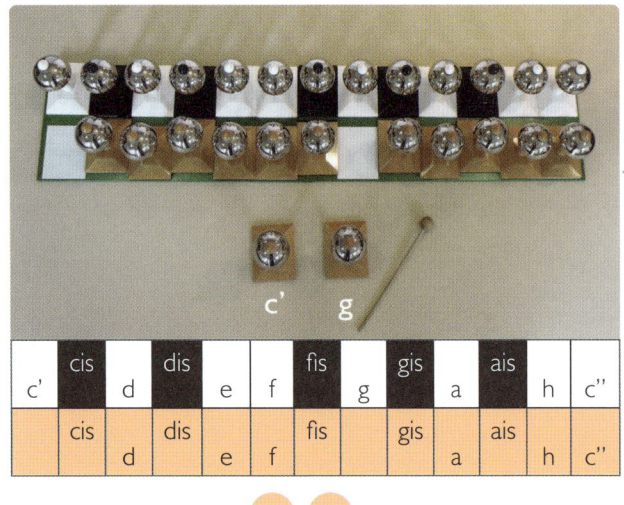

1. Stufe: „Von diesen beiden klingt diese tief und diese hoch."

2. Stufe: „Schlage die beiden an und zeig mir die, die tief klingt."
„Zeig mir die, die hoch klingt."

3. Stufe: „Wie klingt diese?" „Tief." – „Wie klingt diese?" „Hoch."

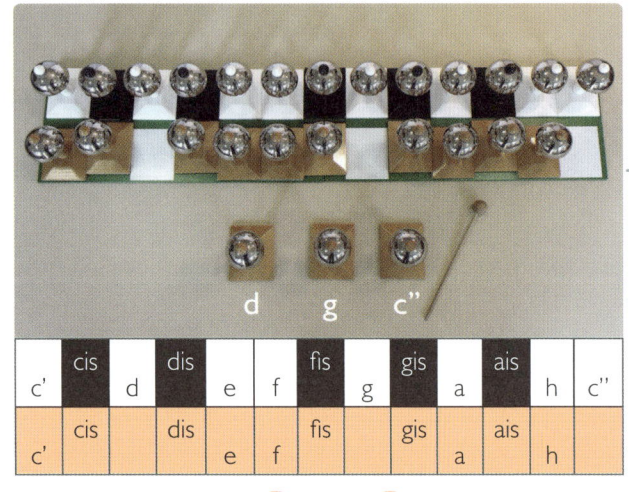

1. Stufe: Leiterin schlägt g und d an und spricht: „Diese (d) klingt tiefer als die (g)." Dann schlägt Sie g und c'' an. „Diese (c'') klingt höher als die (g)."

2. Stufe: „Schlage die an, die tiefer als diese (g) klingt."
„Schlage die an, die höher als diese (g) klingt."

3. Stufe: Leiterin schlägt d/c'' an und fragt: „Wie klingt diese?" – K: „Tiefer/höher als die."

4. Oberflächen und Materialqualitäten
4.1 Tastbretter

Das Kind begegnet jedem Gegenstand über seine Oberfläche, und diese kann **glatt** oder **rau** sein. Die äußere Welt ließe sich also in zwei Sphären teilen, in die der glatten und die der rauen Oberflächen.

Betrachtet man nun die rauen Oberflächen genauer, so sind diese nicht alle gleich. Sie unterscheiden sich nach ihrem Grad ihrer Körnung, und der Unterschied reicht von **grob** bis **fein**.

Ziel:

Verfeinerung des Tastsinns und Wahrnehmen der Körnung von Oberflächen

Tastbretter: „rau - glatt"

Tasttäfelchen: „grob - fein"

Graduierung am Kontrollbrett: „grob - fein"

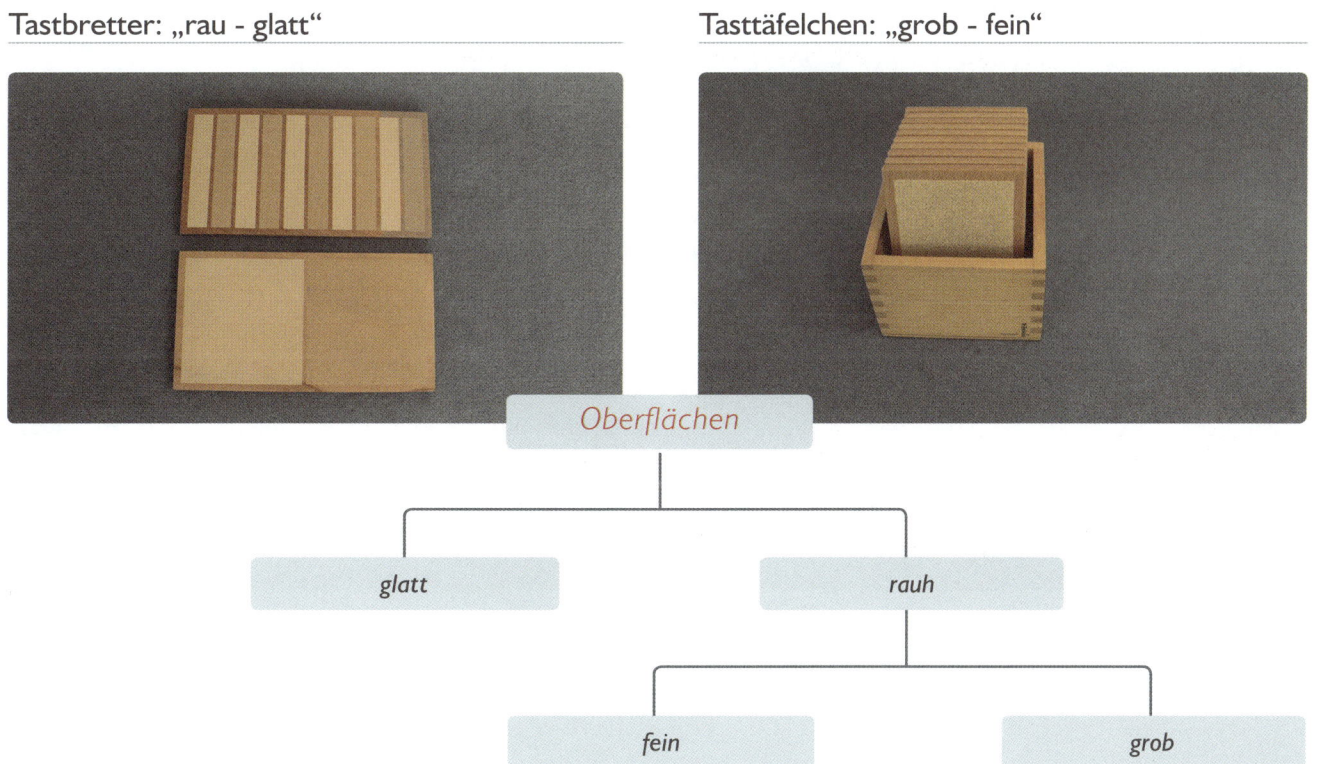

Tastbretter: rau - glatt

Die Leiterin streicht mit den Fingern bedächtig über die raue und dann über die glatte Fläche des Grundbrettes.

Sie wiederholt die Übung, schließt dabei auch die Augen und lädt das Kind ein, nun selbst über die Flächen zu streichen.

Auf dem zweiten Brett streicht dann das Kind mit zwei Fingern über die ganze Länge jedes Streifens und hat so die Tasterfahrung glatt-rau in fünffacher Folge.

Wortlektion: rau – glatt (mit Grundbrett)

1. Stufe

Die Leiterin streicht mit geschlossenen Augen über beide Flächen und spricht:
„Diese (Fläche) ist rau und diese ist glatt."

2. Stufe

„Streiche über die, die rau ist."
„Streiche über die, die glatt ist."

3. Stufe

„Wie ist die?" – „Rau." – „Glatt."

4. Anwendung

· „Zeig mir Dinge, die rau/glatt sind."

· Leiterin lässt das Kind über die Flächen verschiedener Gegenstände streichen und fragt, wie diese Flächen sich anfühlen.

· Kinder können forschen, wo mehr raue bzw. mehr glatte Flächen zu finden sind. Im Haus oder im Garten? – Vielleicht auch Vermutungen über die Ursachen der gefundenen Unterschiede formulieren lassen.

4. Oberflächen und Materialqualitäten
4.2 Tasttäfelchen: „grob - fein"

Paaren

Gleiche innere Struktur wie Geräuschdosen:

· Zwei Serien zu je fünf Täfelchen

· Gleiche Körnung bei je einem Paar

· Regelmäßige Abstufung der Körnung

Ablauf der Lektionen folgt dem gleichen Muster wie bei den Geräuschdosen, zuerst paaren und dann graduieren.

Da das Kind diese Übung mit geschlossenen Augen durchführen soll, ist es oft notwendig, dass ihm die Leiterin anfangs beim Auslegen und Vergleichen der Täfelchen behilflich ist.

1 Die Leiterin teilt die zwei Serien und stellt eine davon in das Kästchen, die zweite legt es davor aus. Dann holt sie ein Täfelchen heraus und....

2 ... schiebt es Schritt für Schritt der Reihe entlang.

3 Dabei vergleicht sie durch Darüberstreichen das obere mit dem unteren Täfelchen, ...

4 .. bis das mit der gleichen Körnung gefunden ist.

Paaren

Sie schiebt das erste Pärchen zur Seite und streicht nochmals über beide Täfelchen, um sicher zu sein, dass die richtigen zwei gefunden wurden.

In gleicher Weise wird nach den nächsten Pärchen gesucht…

…bis alle gefunden sind.

Graduieren

Beide Serien etwas voneinander getrennt in die Mitte legen.

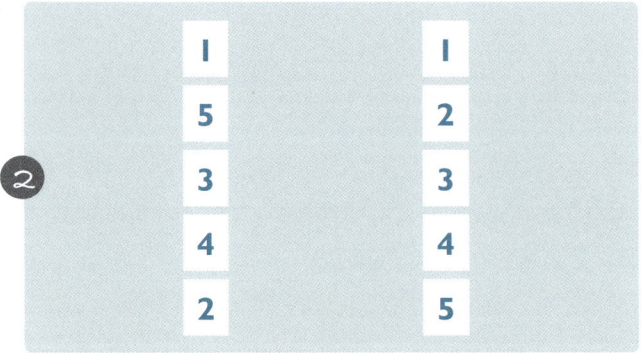

Die Leiterin graduiert die Täfelchen auf ihrer Seite.

Dann versucht das Kind, die Täfelchen auf seiner Seite ebenfalls abgestuft zu ordnen.

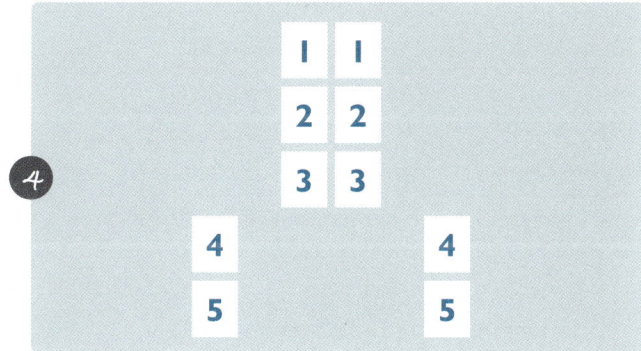

Zum Schluss schiebt das Kind die Täfelchen nacheinander zusammen und…

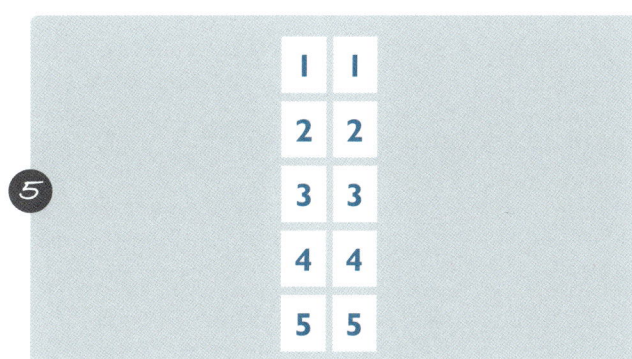

…streicht zur Kontrolle Zeile für Zeile über die beiden Täfelchen.

Disharmonie blind finden

Reihenfolge vertauschen

Wortlektionen

Unterschied:
grob – fein

Steigerung:
grob – gröber – am gröbsten / fein – feiner – am feinsten

Extreme:
das gröbste – das feinste

Unterschied:
gröber als – feiner als

Anwendung in der Umwelt:

Kind ordnet und vergleicht Schleifpapier aus dem Baumarkt (vorbereitete Umgebung). Im Gespräch mit der Leiterin fasst es seine Eindrücke in Worte.

Kind sucht Gegenstände mit rauer Oberfläche und ordnet sie von grob nach fein.

Kind vergleicht Oberflächen unter dem Aspekt gröber als / feiner als.

4.Oberflächen und Materialqualitäten
4.3 Kasten mit Stoffen

Im Kasten befindet sich eine Sammlung von gleich großen, rechteckigen Stoffstücken von ganz unterschiedlicher Qualität. Von jeder Qualität zwei Stück.

Ziel:

Ertasten von unterschiedlichen Stoffqualitäten

Paaren

Da Stoffe in der Regel sich in mehr als nur einer Eigenschaft unterscheiden, ist ein regelmäßig abgestuftes Sortieren schwer möglich. Mit dem Kind wird daher das Material nur von gleich zu gleich sortiert.

Der Ablauf die Lektion für das Paaren ist schon von vorhergehenden Materialien bekannt.

Die Leiterin wählt für die erste Begegnung drei oder vier sehr unterschiedliche Paare aus. Sie zeigt, wie zwischen Daumen, Zeige- und Mittelfinger der Stoff geprüft wird. Dann wird mit dem Paaren begonnen. Vielleicht will das Kind zuerst mit offenen Augen arbeiten, in der weiteren Folge sollten die Übungen mit geschlossenen Augen durchgeführt werden.

Mir Zunahme der Sensibilität für die Qualitätsunterschiede kann die Schwierigkeit erhöht werden, indem die Anzahl der Stoffe vermehrt oder Stücke ausgewählt werden, die sich weniger stark unterscheiden.

Beim Paaren über eine weitere Distanz hinweg (zwei Tische oder zwei Ecken im Raum) übt das Kind seine Merkfähigkeit und Konzentration.

Mit folgenden Worten lassen sich Stoffqualitäten begrifflich gut fassen.

Für das Gewebe:
grob – fein, locker – fest

Für den Stoff:
dick – dünn, glatt – rau, weich – hart, geschmeidig – steif

Arten:
Leinen, Wolle, Seide, Baumwolle, Plüsch,…

Vermittlung der Begriffe über die drei Stufen der Wortlektion.

Anwendung im alltäglichen Leben:

· Herausfinden, ob sich Kleidungstücke des Kindes gleich anfühlen wie Stoffe aus dem Kasten.

· Die erworbenen Begriffe für die Beschreibung von persönlichen Kleidungsstücken verwenden.

· Begründen, warum man bestimmte Stoffe gerne/nicht gerne am eigenen Körper tragen möchte.

· Herausfinden aus welchem Material bestimmte Kleidungsstücke gefertigt sind.

· Überlegen, für welche Jahreszeit bestimmte Stoffe geeignet/nicht geeignet sind.

4.Oberflächen und Materialqualitäten
4.4 Wärmeleittäfelchen

Ursprünglich wurden für diese Übung kleine Metallfläschchen verwendet, die von der Leiterin mit unterschiedlich warmen Wasser abgestuft gefüllt wurden. Da die Temperaturen der Fläschchen sich rasch annäherten, war das Material nicht recht praktikabel.

Als Alternative werden nun die Wärmeleittäfelchen verwendet. Die Materialien haben eine unterschiedliche Wärmeleitfähigkeit und erscheinen bei Berührung auch bei gleicher Außentemperatur unterschiedlich warm.

Die Wärmetäfelchen erfüllen jedoch nicht das Kriterium der „Isolierung der Eigenschaft". Man fühlt nicht nur die unterschiedlichen Materialqualitäten, sie sind auch unterschiedlich schwer. Dieser Mangel kann abgemildert werden, wenn die Täfelchen nicht gehoben, sondern geschoben werden, und wenn man sie nur mit dem Handrücken befühlt.

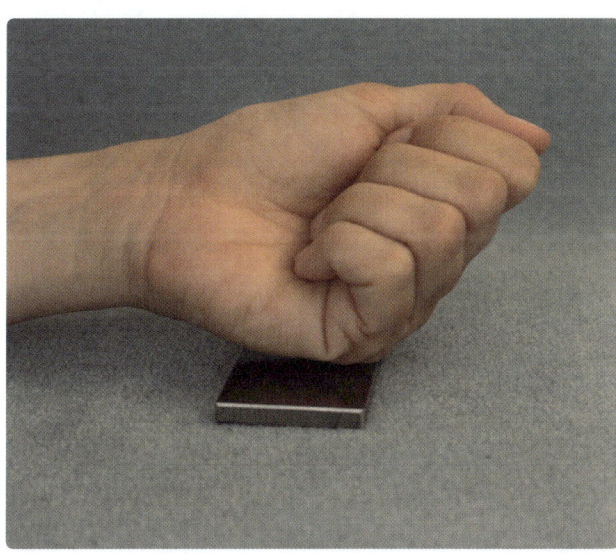

Paaren und Graduieren

Beide Übungen sollen mit geschlossenen Augen durchgeführt werden.

Eigenschaften: warm, kühl, kalt

Anwendung und Fragen

· Materialien im Gruppenraum auf ihre Wärmeleitfähigkeit untersuchen.

· Herausfinden, ob man Wärmereize an verschiedenen Stellen unterschiedlich stark empfindet.

· Herausfinden, welche Materialien sich als Sitzfläche gut, bzw. sich weniger gut eignen.

· Täfelchen länger in der Hand halten und beobachten, was sich verändert.

· Täfelchen im Kühlschrank abkühlen oder in der Sonne wärmen. Beobachtungen beschreiben.

Ziel:

Temperaturunterschiede wahrnehmen und ordnen

Material:

Fünf Paare Täfelchen aus Filz, Kork, Holz, Glas, Marmor und Eisen.

Notizen:

5. Gewichte
5.1 Gewichtsbrettchen

Jedes der drei Kästchen enthält je 7 Brettchen von der gleichen Holzart, sie sind (annähernd) gleich schwer.

Ein hellbraunes, leichtes Brettchen wiegt ca. 12 g, ein mittelbraunes, schwereres Brettchen wiegt ca. 19 g, und ein dunkelbraunes, schweres Brettchen hat das Gewicht von ca. 26 g.

Die drei Gewichtsklassen unterscheiden sich nur um wenige Gramm. In dieser schmalen Bandbreite übt das Kind sein Gespür für Gleichheit und Ungleichheit.

Ziel:

Schärfung des Sinnes für feine Gewichtsunterschiede

Struktur der Lektionen

Bei jeder Lektion geht es darum, die durcheinander gemischten Brettchen von zwei, später dann drei, Gewichtsklassen auseinander zu sortieren.

Dabei kann die Schwierigkeit gesteigert werden:

· durch die Verringerung des Gewichtsunterschiedes
· durch die Hinzunahme einer dritten Gewichtsklasse

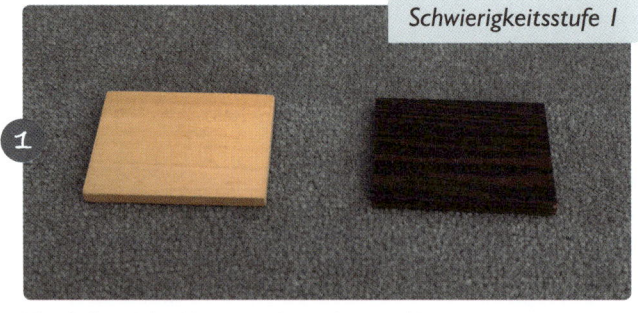

Schwierigkeitsstufe 1

Zwei Gewichtsklassen mit größerem Unterschied: hellbraune und dunkelbraune Brettchen

…mittelbraue und dunkelbraune Brettchen

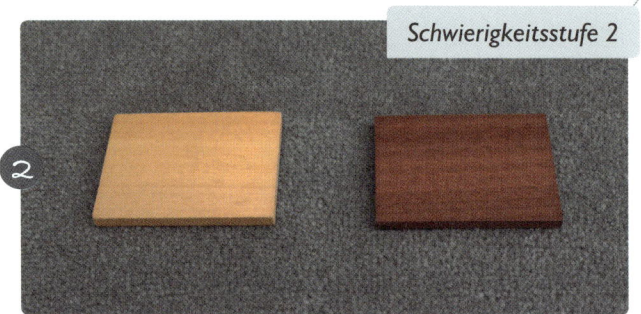

Schwierigkeitsstufe 2

zwei Gewichtsklassen mit geringerem Unterschied: hellbraune und mittelbraune Brettchenn, oder…

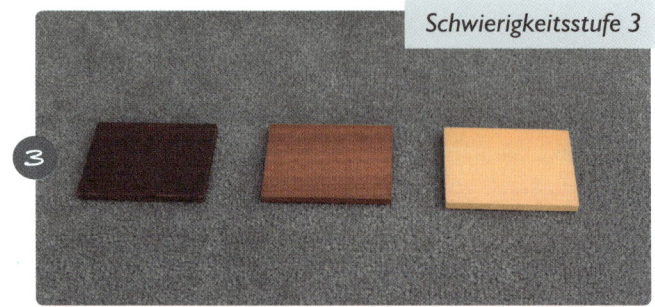

Schwierigkeitsstufe 3

alle drei Gewichtsklassen mit geringerem Unterschied: hellbraune, mittelbraune und dunkelbraune Brettchen

Arbeitsweise:

Die Leiterin zeigt dem Kind, wie die Brettchen gehalten werden sollen, damit die Gewichtseigenschaft gut wahrgenommen werden kann.

· Brettchen auf den Fingern einer Hand, dann auf der anderen Hand platzieren, danach auf beiden Händen.

· Der Arm soll die Unterlage und den Körper nicht berühren.

· Leichtwiegende Auf- und Abbewegung.

· Mit geschlossenen Augen fällt die Konzentration auf den Sinnesreiz leichter.

Fehlerkontrolle:

Die Übungen selbst sollen mit geschlossenen Augen durchgeführt werden, da die Farbe der Brettchen die Lösung vorgibt.

I. Wortlektion

In der täglichen Praxis hat es sich bewährt, die Wortlektion auf die beiden Eigenschaften leicht und schwer zu beschränken.

1. Stufe:

mit hell- und dunkelbraunen Brettchen
Nachdem die Leiterin dem Kind gezeigt hat, wie die Brettchen mit den Händen „gewogen" werden, bittet sie es, die Augen zu schließen. Dann legt sie ein hellbraunes Brettchen in die eine und ein dunkelbraunes Brettchen auf die andere Hand und fordert es auf, die beiden zu vergleichen (eventuell auch die Brettchen zwischen den Händen zu tauschen). Dann fragt sie, ob diese beiden Brettchen gleich schwer sind. Antwortet das Kind mit nein, fährt sie fort, indem sie nacheinander auf die Brettchen tippt und dazu spricht:
„Von diesen beiden ist dieses schwer und dieses ist leicht."

2. Stufe:

„Zeig mir das Brettchen, das leicht ist."
„Zeig mir das Brettchen, das schwer ist."

3. Stufe:

„Wie ist dieses Brettchen?" – „Leicht." – „Schwer."

2. Übungen

Übung 1:
Sortieren mit größerem Gewichtsunterschied

hell- und dunkelbraun

Die Leiterin mischt einige von den hell- und einige von den dunkelbraunen Brettchen, dann fordert sie das Kind auf, sie mit geschlossenen Augen wieder auseinander zu sortieren. Fehlerkontrolle durch die Farbe der Brettchen.

Allmählich Steigerung der Anzahl bis auf 14 Brettchen.

Übung 2:
Sortieren mit geringerem Gewichtsunterschied

hell- und mittelbraune Brettchen
oder mittel- und dunkelbraune Brettchen

Bei diesen Übungen ist das Kind zum einen besonders gefordert, die minimalen Gewichtsunterschiede herauszufinden. Dazu kommt noch die erhöhte Schwierigkeit, beim blind Sortieren planvoll vorzugehen, da ansonsten der Überblick verloren geht.

Bei manchen Kindern ist vielleicht notwendig, dass ihnen die Leiterin bei den ersten Übungen hilfreich zur Hand geht.

Übung 3:
Sortieren der drei Gewichtsklassen

Bei den ersten Versuchen sollen nur wenige Brettchen verwendet werden.

Auf dieser Schwierigkeitsstufe kann gut beobachtet werden, wie geschickt das Kind die nun nochmals komplexer gewordene Sortierarbeit organisieren kann. Wenn notwendig kann wieder Hilfe angeboten werden.

3. Anwendung

Kind sammelt kleine Gegenstände des täglichen Gebrauchs ein und …

· sortiert sie nach leicht und schwer oder

· vergleicht sie nach leichter als und schwerer als oder

· sucht solche, die gleich schwer sind oder

· graduiert sie von leicht nach schwer.

Steht eine Balkenwaage zur Verfügung,
bieten sich weiter Übungen an:

· Herstellen von Gleichgewicht zwischen Brettchen verschiedener Gewichtsklassen.

· Abwiegen von Gegenständen mit Gewichtsbrettchen als Maßeinheit.

Notizen:

6.Gerüche und Geschmacksqualitäten
6.1 Geruchsdosen

In seinem Roman „Das Parfum" lockt Patrik Süßkind die LeserInnen in ein Universum der Gerüche. Im Grund ist es nur Druckerschwärze auf weißem Papier, die uns scheinbar reale Sinneseindrücke erleben lässt. Man glaubt durch Lavendelfelder zu wandern, erstickt beinahe an der Intensität der Düfte in den Parfumeursstuben – nur Worte – faszinierend.

Der Mensch kann tausende verschiedene Gerüche unterscheiden, es fällt ihm aber schwer, sie zu benennen. Mit den Geruchsdosen beginnt für das Kind die erste bewusste Auseinandersetzung mit dieser schier unendlichen Vielfalt.

Ziel:

Wahrnehmung und Unterscheidung von Gerüchen

Material:

Sechs Dosenpaare gefüllt mit Substanzen wie z.B. Kakao, Zimt, Gewürznelken, Kaffee, Minze, …

1. Paaren

Auch die Geruchsdosen eignen sich nur zum Paaren.

Die Leiterin räumt mit dem Kind die Dosen aus dem Tablett, stellt die zwei Serien getrennt voneinander auf, öffnet die Dosen und steckt jede Dose in ihren Deckel (so können die Deckel nicht vertauscht werden, und es kommt zu keiner Geruchsvermischung).

Dann schüttelt sie eine Dose leicht und riecht an ihrer Öffnung. Anschließend darf das Kind die verschiedenen Gerüche selbst erkunden (ev. vorher die Nase putzen). Hat sich das Kind mit den Gerüchen bekannt gemacht, kann es die zwei Serien paaren.

2. Wortlektion

Ergebnis durch nochmaliges Riechen überprüfen.
Nach der Übung die Dosen wieder gut verschließen.

Übung: Paaren über Distanz

Die verschiedenen Substanzen werden mit Hilfe der Wortlektion benannt.

3. Anwendung

· Gerüche im Gruppenraum, im Gebäude, im Garten bei Ausflügen bewusst wahrnehmen. Versuchen herauszufinden, woher sie kommen. Namen oder andere Bezeichnungen dafür finden.

· Sammlung von Gewürzen anlegen.

· Kräuter sammeln und trocknen.

· Herausfinden, ob Gerüche auch Gefühle verursachen (Schokolade, Eis, Medizin, Turnhalle, ...).

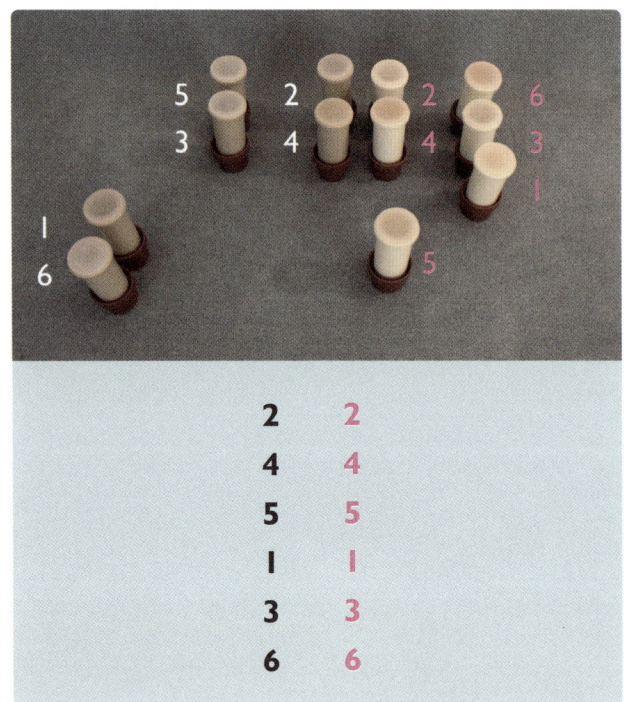

Notizen:

6.Gerüche und Geschmacksqualitäten
6.2 Geschmacksgläser

Für die Schulung der Wahrnehmung der vier Geschmacksqualitäten sind Lösungen von Essig (oder Ascorbinsäure), Salz, Zucker und Myrrhentinktur mit viel Wasser (oder Wermuth-Tee) gut geeignet. Sie werden paarweise in acht Pipettenfläschchen gefüllt.

> *Ziel:*
>
> Wahrnehmung und Unterscheidung von Geschmäckern

Paaren

Aufgabe ist es, Pärchen der beiden separat stehenden Serien zu finden.

Für ein geordnetes Vergleichen und um Geschmacksvermischungen vorzubeugen, werden weiter benötigt:

· Zwei kleine Löffel, auf welche die Geschmackproben getropft werden.

· Eine kleine Wasserschüssel und ein Tuch zum Abwaschen und Abtrocknen der Löffel nach jedem Probedurchgang.

Auf Löffel, Wasserschüssel und Tuch kann verzichtet werden, wenn das Kind jede Probe auf seinen Handrücken tropft und von dort mit der Zunge abnimmt.

· Ein Glas Wasser, um nach jeder Probe den Geschmack im Mund zu neutralisieren.

Das Vergleichen und Zuordnen erfolgt systematisch und geordnet, wie bei allen anderen vorangegangen Paarungsübungen.

Begriffe:
süß, sauer, salzig und bitter

Arten:
Die fünfte für den Menschen wahrnehmbare Geschmacksqualität „umami" wird hier noch nicht angeboten.

Anwendung:

· Wo auf der Zunge spürt man die unterschiedlichen Geschmacksqualitäten?

· In Speisen die verschiedenen Geschmacksqualitäten identifizieren.

· Obst, Gemüse und Speisen nach ihrem dominanten Geschmack ordnen.

7. Formen, Körper und geometrische Strukturen
7.1 Geometrische Kommode

Einführungstablett

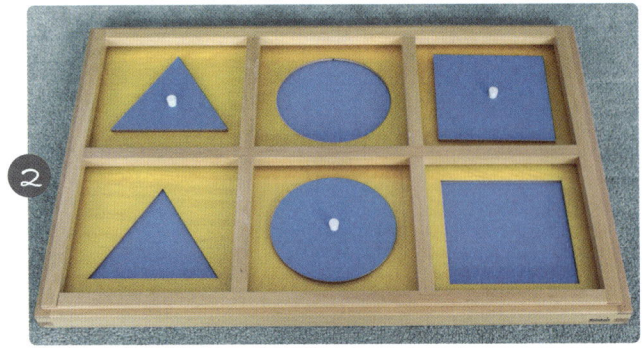

Jede Figur wird gegen den Uhrzeigersinn mit Zeige- und Mittelfinger in einer nicht-unterbrochenen Bewegung umfahren.

Ziel:

Kennen, Unterscheiden und Benennen von geometrischen Figuren

Kommode und Flächenkarten

Die Figuren mit Pinzettengriff auf die freien Flächen heben.

In gleicher Weise wird den Negativformen entlanggespurt.

Die Figuren zurücksetzen.
Diese Übungen können auch blind Spaß machen.

Alle Schubladen werden gleich wie unter 1 und 2 dargestellt, eingeführt.

Karten auslegen und die Figuren zuerst auf die Flächenkarten setzten, …

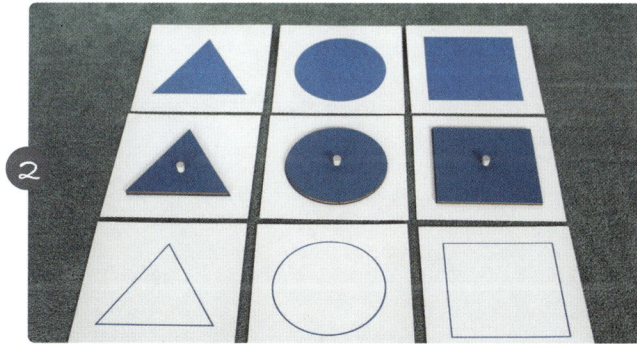

… dann auf die Breitrandkarten und zuletzt auf die Umrisskarten nach unten heben.

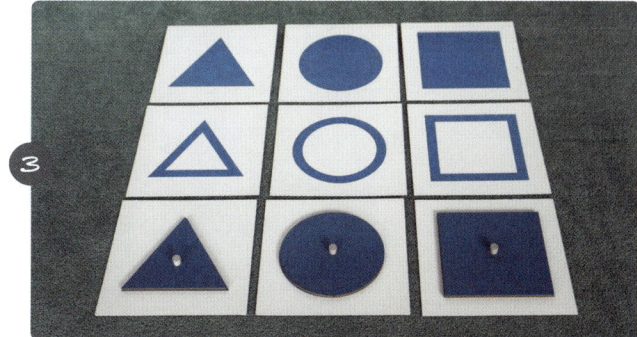

Beim Aufsetzen der Figuren auf die Karten wird die Aufmerksamkeit auf die Form gelenkt. Die visuelle Unterstützung nimmt schrittweise ab.

Abschließend Wortlektion zu Dreieck, Kreis und Quadrat. Dazu werden die Figuren aus dem Einführungstablett verwendet.

Übung zur Anwendung:

aus der Umgebung Gegenstände bringen, die den drei Figuren zugeordnet werden können.

Manchmal kommt es vor, dass ganz junge Kinder versuchen, die Figuren deckungsgleich auf die innere weiße Fläche der Breitbandkarten zu platzieren. Da hilft, die Reihenfolge der Karten zu verändern, oder die Breitbandkarten vorerst nicht zu verwenden.

Notizen:

I. Dreiecke · Hilfen zur Herleitung der verschiedenen Bezeichnungen

gleichschenkelig - gleichseitig

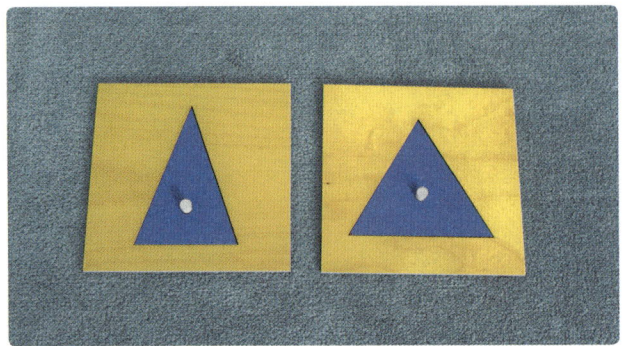

Die Leiterin legt beide Dreiecke heraus.
„*gleichschenkelig* = zwei Seiten gleich lang"
(Gedankenbrücke gegrätschte Beine)
„*gleichseitig* = drei Seiten gleich lang"

Das Kind wird angeleitet mit einfachen Mitteln
(Faden, Papierstreifen, Lineal, ..) abzumessen,
ob Seiten gleich oder ungleich lang sind.

Auftrag: Kannst du in der Lade andere gleichschenkelige
und gleichseitige Dreiecke finden?

ungleichseitig

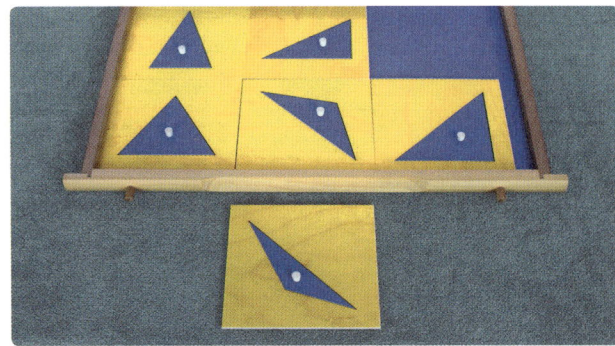

„Wenn alle Seiten verschieden lang sind,
nennt man es ein *ungleichseitiges* Dreieck.
Findest du welche?"

Kind legt Dreieck heraus und kontrolliert durch Messen.

rechtwinkelig

„Wenn das Dreieck (mit seinem größten Winkel) genau
auf eine Ecke passt (Karte, A4Blatt, o.ä.), so ist es ein
rechtwinkeliges Dreieck."

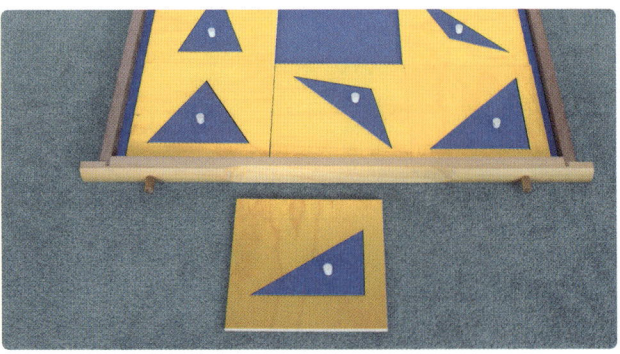

„Findest du noch ein rechtwinkeliges Dreieck?"
„Findest du auch im Raum ein *rechtwinkeliges* Dreieck?"

2. Rechtecke

stumpfwinkelig

„Wenn du ein Dreieck (mit seinem größten Winkel) auf die Karte legst und es steht hinaus, so ist es ein *stumpfwinkeliges* Dreieck."

spitzwinkelig

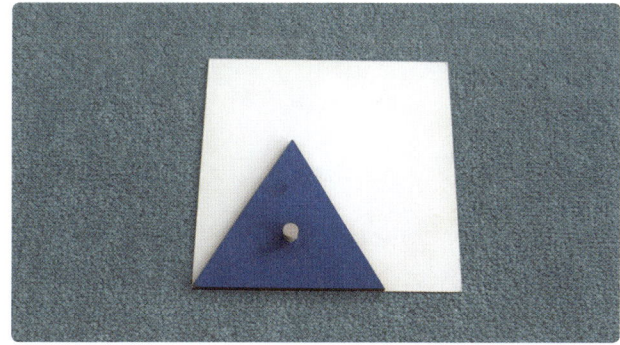

„Wenn du ein Dreieck (mit seinem größten Winkel) auf die Karte legst und es steht nicht hinaus, so ist es ein *spitzwinkeliges* Dreieck."

3. Regelmäßige Vielecke

Einüben der Namen der verschiedenen Dreiecke.

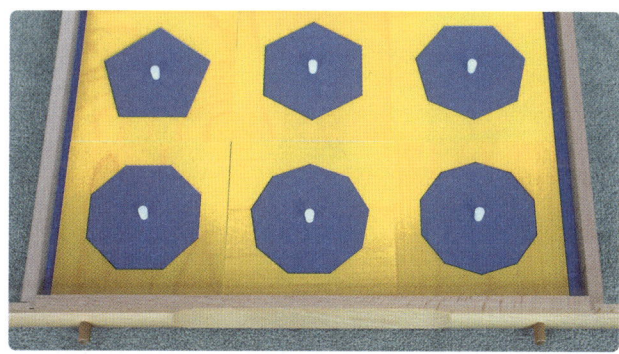

Die Namen werden von der Anzahl der Ecken abgeleitet.

Bei den folgenden Schubladen ist die Herleitung der Namen weniger aufwendig.
An ihnen wiederholt sich die Arbeit, wie sie das Kind schon beim Einführungstablett und den Karten kennengelernt hat.

4. Sechs Figuren

Raute, gleichschenkeliges Trapez, Parallelogramm, Windvogelviereck, Deltoid, rechwinkeliges Trapez

5. Fünf Figuren

Ellipse, Oval, Kreibogendreieck, ungleichseitiges spitzwinkeliges Dreieck, Vierpass

6. Kreise

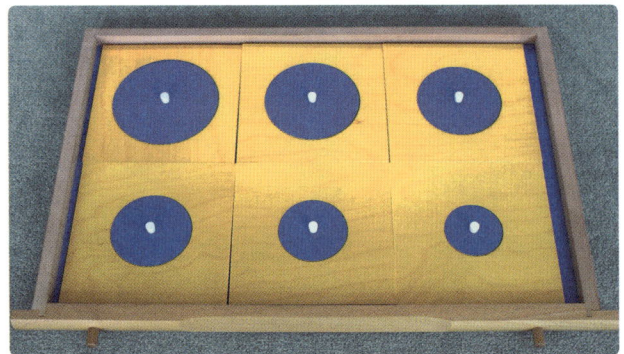

Weitere Übungen

· Mehrere Schubladen gleichzeitig benutzen.

· Zwei Kinder: eine Schublade wird ausgeräumt. Ein Kind zeigt auf Negativform. Zweites Kind sucht passende Positivform.

· Mit Kreisen, Rechtecken oder Vielecken auf- bzw. absteigende Reihen bilden.

· Positiv- und Negativformen auf zwei Teppichen auslegen und dann über Distanz zuordnen.

· Positivformen werden im Kreis an Kinder verteilt. Leiterin zeigt auf Negativform. Kind, das diese Figur hat, fügt sie ein.

7. Formen, Körper und geometrische Strukturen
7. 2 Geometrische Körper und die geheimnisvollen Beutel

Jedes Kind will wissen, wie die Dinge heißen. Sind doch Namen das Mittel des Geistes, mit dem es ihm möglich ist, die Welt um sich in den (Be-)Griff zu kriegen. Warum also nicht auch so besondere Namen wie Ellipsoid und Ovoid? Im Umgang mit den geometrischen Körpern lernt das Kind die besonderen Eigenschaften der verschiedenen Körper kennen, lernt was diese können, worin sie gleich und worin sie verschieden sind.

Mit Hilfe der Wortlektion verbindet es die wesensbestimmenden Merkmale jedes Körpers mit dessen Namen. Ausgestattet mit diesem neuen Werkzeug seiner Wahrnehmung kann es von nun an in Dosen, Schachteln, Türmen, Gebäuden, ... geometrische Körper erkennen.

Die Grundflächentäfelchen helfen, in der Ganzheit eines Körpers, in seiner Köperhaftigkeit, Flächen zu erkennen, um diese dann später auch zu Netzen zu kombinieren.

Ellipsoid, vierseitige Pyramide, Würfel (Kubus), Kugel, Kegel, Zylinder, dreiseitiges Prisma, dreiseitige Pyramide, Quader (vierseitiges Prisma), Ovoid

Ziel:

Kennen, Unterscheiden und Benennen von geometrischen Körpern und ihren Eigenschaften

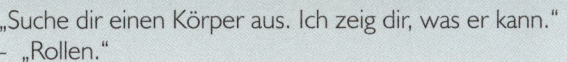

„Suche dir einen Körper aus. Ich zeig dir, was er kann."
- „Rollen."

„Kippen."

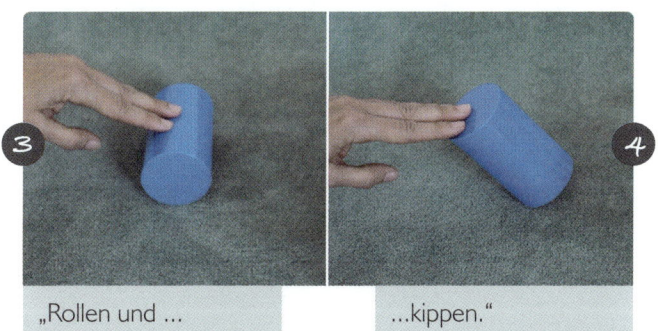

„Rollen und ...

...kippen."

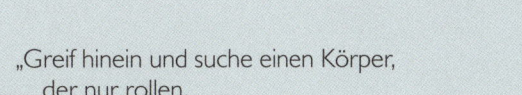

„Greif hinein und suche einen Körper,
...der nur rollen,
...der nur kippen,
...der rollen und kippen kann."

6

„Greif hinein, fühle einen Körper und sag mir, was er kann."
Kind holt den Körper heraus und überprüft.

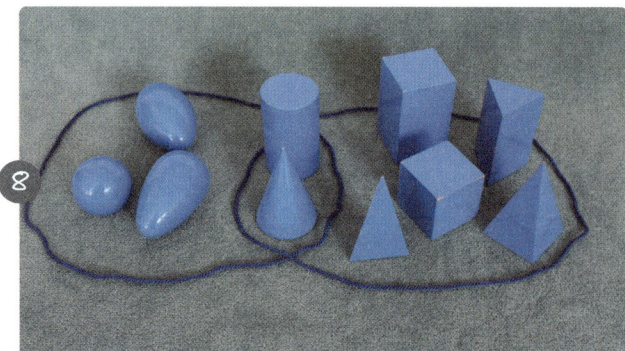

8

„Lege alle Körper, die kippen können, hier (rechts) hin, alle, die rollen können, hier (links) hin und alle, die rollen und kippen können, in die Mitte."

Anschließend kann das Kind eine Kordel um alle legen, die rollen können, und eine zweite Kordel um alle, die kippen können. Es entsteht die Schnittmenge der Köper, die beides können.

7

Die Leiterin lässt das Kind einen Körper blind ertasten und stellt den Körper dann wieder zu den anderen zurück. Das Kind soll diesen dann, ohne neuerlich zu tasten, wiedererkennen.

Anwendung

9

Das Kind sucht Gegenstände, die rollen oder kippen können.
Das Kind sucht Gegenstände, die eine ähnliche Form wie ein geometrischer Körper haben.

Grundflächentäfelchen

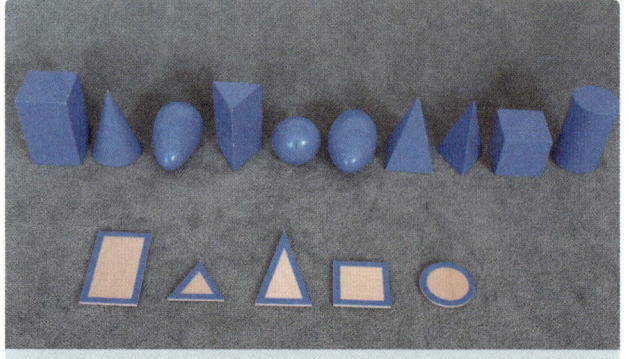

Quadrat, Kreis, Rechteck, gleichseitiges Dreieck, spitzwinkeliges Dreieck

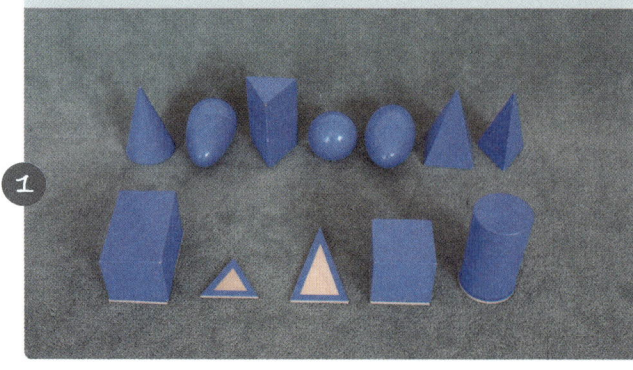

1

Die Leiterin legt die Grundflächentäfelchen aus, wählt einen Körper und ordnet diesen zu.
Dann fährt das Kind fort.
z.B: Quader auf Rechteck, Würfel auf Quadrat, Zylinder auf Kreis.

Vertiefende Wortlektion mit verdeckten Körpern:

Weitere Übungen:
„Welche Körper lassen sich einer bestimmten Grundfläche zuordnen?"

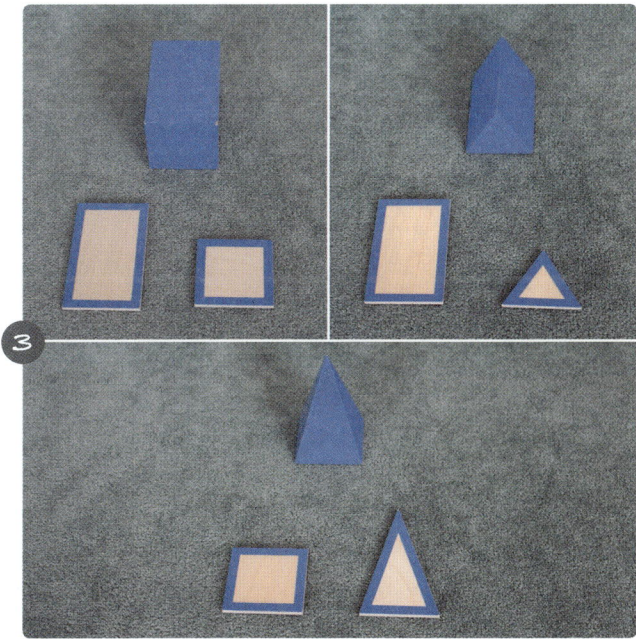

„Einige Körper haben verschiedene Grundflächen."

„Kugel, Ellipsoid und Ovoid haben keine Grundflächen. Mit ihnen kann man keine Grundfläche abdecken."

Vermittlung der Begriffe mit Hilfe der Wortlektion. z.B.:

1. „Das ist ein Würfel, das eine Kugel und das ist eine Pyramide."

2. „Lege den Würfel auf ...,
   die Kugel in ...,
   die Pyramide hinter ... ."
   „Bring ... ."

3. „Wie heißt dieser Körper?"

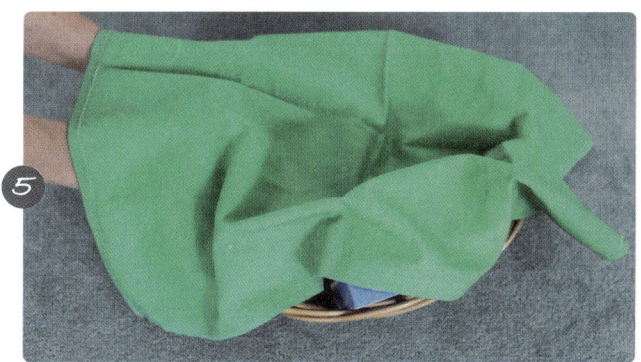

Kind greift einen Körper und benennt ihn.

· Kind nennt den Namen eines Körpers und holt ihn dann aus dem Korb.

· Kind greift einen Körper und benennt Flächen, die es an ihm fühlen kann.

Erweiterung – Arbeit mit Netzen

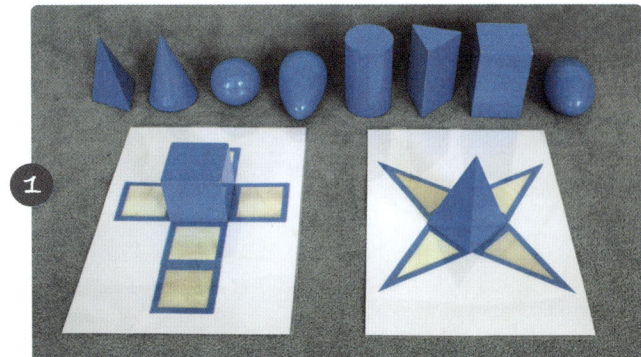

1

Zuordnung der Körper zu selbstgefertigten Körpernetzen.

2

Körper mit vorgefertigten Netzen umhüllen.

Erweiterung – Arbeit mit den Geheimnisvollen Beuteln

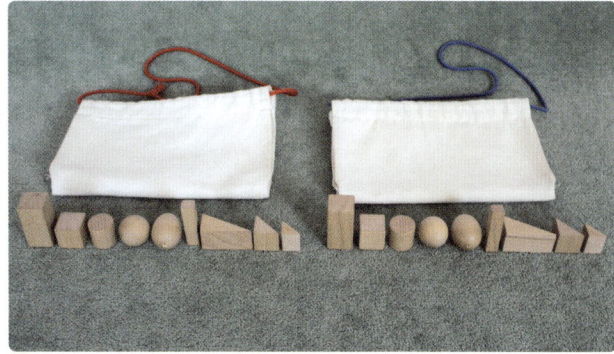

Beide Beutel enthalten einen identischen Satz geometrischer Körper.

Anfangs Benennen der noch nicht bekannten Körper mittels Wortlektion.

Neu sind das ungleichseitige, dreieckige Prisma und das gleichschenkelige, dreieckige Prisma (groß u. klein).

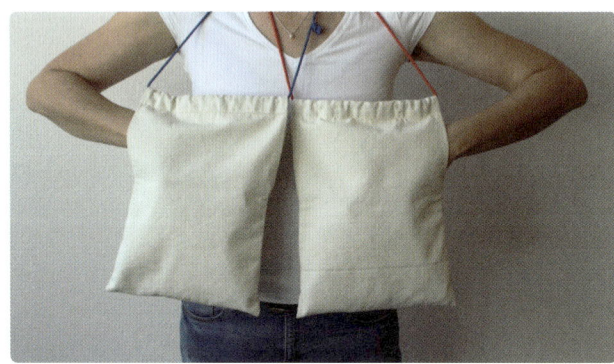

Übung:

Das Kind hat beide Beutel und versucht, mit der linken und mit der rechten Hand jeweils den gleichen Körper zu finden.

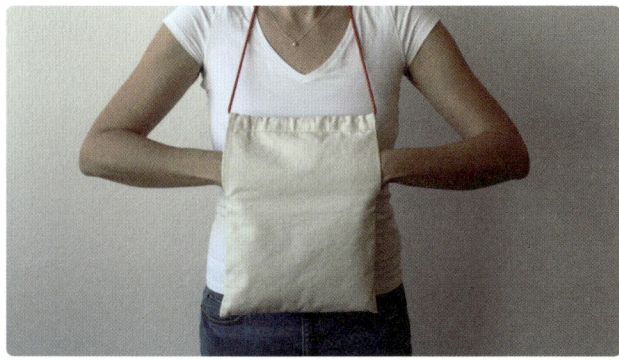

Übung:

Die Leiterin und das Kind haben je einen Beutel.
Die Leiterin wünscht sich vom Kind verschiedene Körper.
z. B.:
„Zeig mir bitte den Würfel." oder
„Zeig mir einen Körper, der rollen/kippen (rollen und kippen) kann." oder
„Zeig mir folgenden Körper:
Er hat zwei Quadrate und vier Rechtecke."
Kontrolle: Die Leiterin zeigt den Körper aus ihrem Beutel.

In weiterer Folge sollen die Rollen auch getauscht werden. Das Kind wünscht sich einen Körper und die Leiterin sucht und zeigt ihn.

Später übernimmt ein anderes Kind die Rolle der Leiterin.

7. Formen, Körper und geometrische Strukturen
7. 3 Metallene Einsatzfiguren

Die Metallenen Einsatzfiguren gehören eigentlich zur Materialgruppe für den Bereich Sprache.

Sie dienen als Vorübung für das Schreiben, weil hier besonders die Augen-Hand-Koordination und die Feinmotorik geübt werden.

Ziel:

Unter dem Aspekt der geometrischen Grundbildung vertieft das Kind hier bei den bekannten geometrischen Figuren seine Erfahrungen mit Fläche und Umfang.

Weitere Übungen:

· Zwei oder mehrere Figuren übereinander zeichnen.

· Die Figuren zur Gänze ausmalen.

1. Negativform nachziehen

Den Rahmen genau aufsetzen. Mit einer Hand fest auf das Papier drücken. Mit dem Stift den Kreis nachfahren – oben beginnen und gegen den Uhrzeiger in einem durchziehen. Zuletzt den Rahmen wegheben.

2. Positivform nachziehen

Die metallene Einsatzfigur genau auf den gezeichneten Kreis legen und am Knopf auf die Unterlage drücken. Mit einem andersfarbigen Stift den Kreis wieder in einer geschlossenen Bewegung nach links nachspuren.
Es ist ein zweifarbiger Kreis entstanden.

3. Doppelkreis schraffieren

Den Kreis mit senkrechten Linien von Rand zu Rand füllen.

7. Formen, Körper und geometrische Strukturen
7.4 Konstruktive Dreiecke

I. Rechteckiger Kasten mit farbigen Dreiecken

Ziel:

Sammlung konstruktiver Erfahrungen mit Dreiecken

Mit jeweils zwei Dreiecken ein Viereck bauen

Rechteckiger Kasten

2 Ordnen nach Farben.

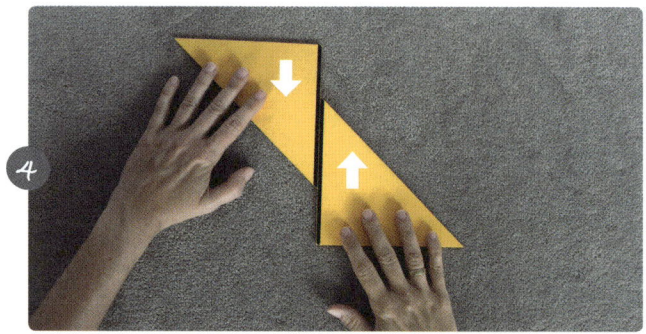

4 An den schwarzen Linien langsam zusammenschieben.

1 Dreiecke ungeordnet heraus legen.

3 Ordnen nach Formen und gleiche Dreiecke übereinanderlegen.

5 Aus je zwei Dreiecken entsteht ein Viereck.

Verschieben

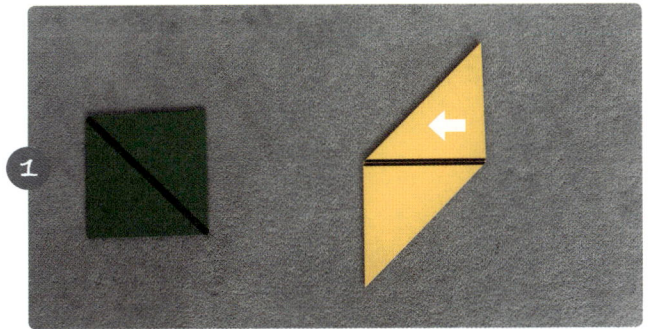

Das gelbe Parallelogramm ..

… in ein anderes Parallelogramm,

… Quadrat …

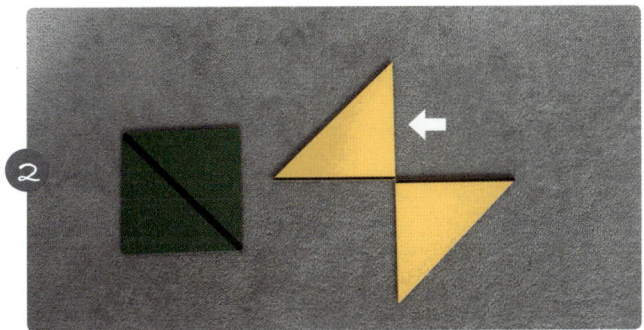

… verwandelt sich durch Ver-..

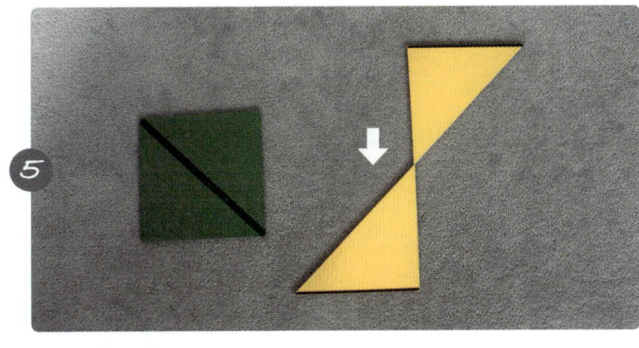

… weiter dann …

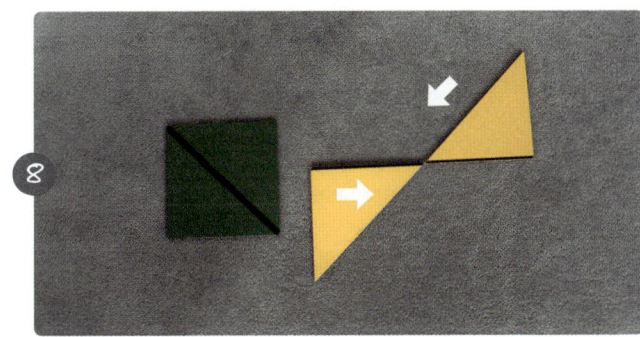

… und zuletzt …

…schieben entlang der Seiten ..

… in ein …

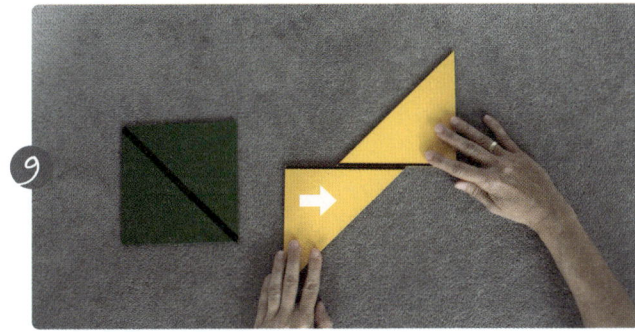

… zurück in das ursprüngliche …

10

... Parallelogramm.

Anschließend wird auch bei allen anderen farbigen Vierecken untersucht, welche Vierecke sich durch Verschieben damit noch bilden lassen.

Erfahrung: Beim roten Viereck (Trapez) führt das Verschieben zu keinem Viereck.

Kreatives Bauen

Segelschiff vor Leuchtturm

Notizen:

2. Blaue Dreiecke und farbige Dreiecke

1

Die blauen Dreiecke unter den farbigen Vierecken auslegen.

2

Das kleine, gelbe Parallelogramm wird abgedeckt und nach unten geholt.

4

Das grüne und das gelbe Parallelogramm …

Die Leiterin erzählt:

„Stell dir vor, die farbigen Vierecke sind Fische im Meer.
Die blauen Dreiecke sind deine Netze. Wenn du einen farbigen Fisch mit zwei blauen Dreiecken abdecken kannst, ist er gefangen, und du kannst ihn an den unteren Rand des Teppichs holen."

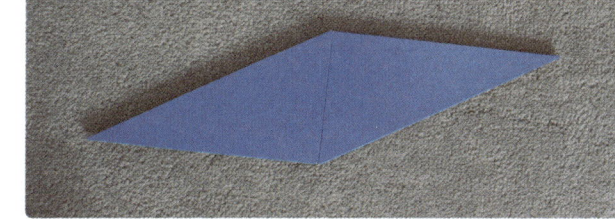

3

Die restlichen blauen Dreiecke werden in gleicher Weise verwendet.

Leiterin:

„Es sind drei „Fische" übrig geblieben.
Du darfst die blauen Dreiecke nochmals verwenden."

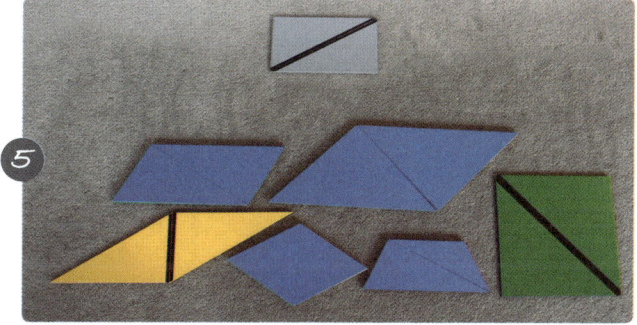

5

… werden abgedeckt und geholt.

6

Dann noch als Letztes das Rechteck.

7

Alle Vierecke konnten abgedeckt und nach unten geholt werden.

8

Leiterin:

„Ordne die Vierecke untereinander, die du mit denselben zwei blauen Dreiecken abdecken kannst."

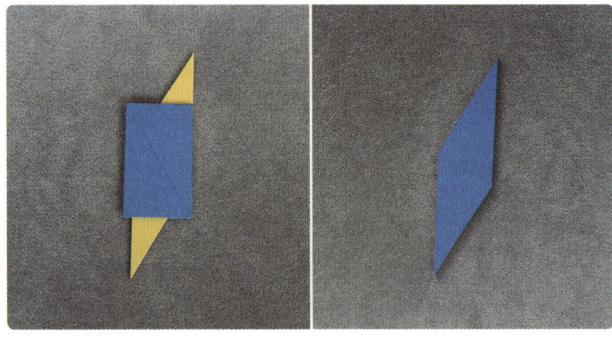

Vorschlag zum Weiterarbeiten:

„Kannst du mir zeigen, dass das gelbe und das blaue Viereck gleich groß sind?"

Mögliche Hilfe: Die Leiterin zeigt, wie bei ungleichen Vierecken durch Verschieben und Übereinanderlegen Deckungsgleichheit hergestellt werden kann.

Um zu zeigen, dass die untereinanderliegenden Vierecke flächengleich sind, kann das Kind verschiedene Wege gehen. Z.B:

Mit den zwei blauen Dreiecken die darunterliegenden Vierecke der Reihe nach abdecken.
Oder:
Die Teildreiecke jedes Vierecks so drehen, dass sie auf das blaue Viereck passen.

Beide Male weist das Kind die Flächengleichheit durch die Herstellung von Deckungsgleichheit nach.

3. Blaue Dreiecke verschieben und kippen

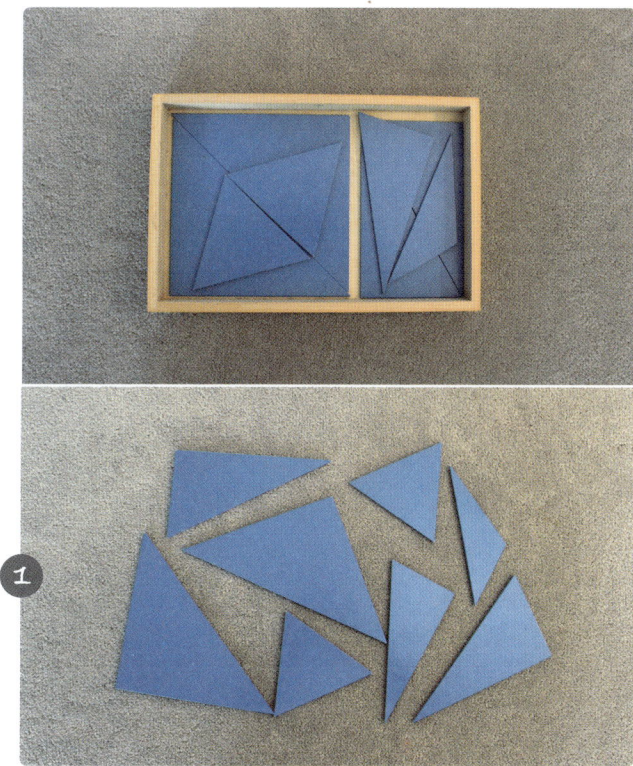

Blaue Dreiecke ungeordnet auslegen.

Zwei Dreiecke werden zu einem Viereck zusammengefügt, z.B. zum Rechteck.

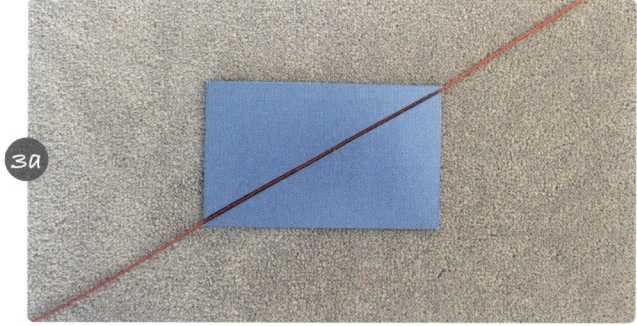

Beim Rechteck wird nun untersucht, welche anderen Figuren durch Verschieben und Kippen gebildet werden können.

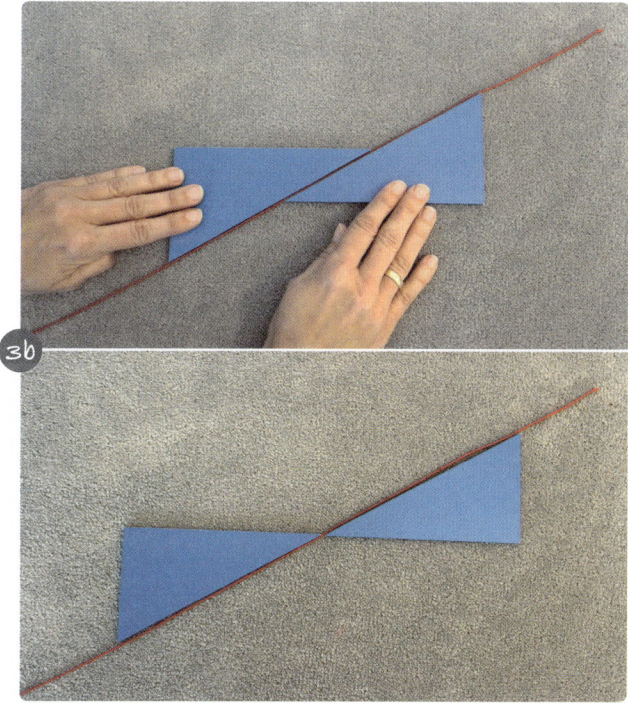

Verschieben bis zur Spitze und …

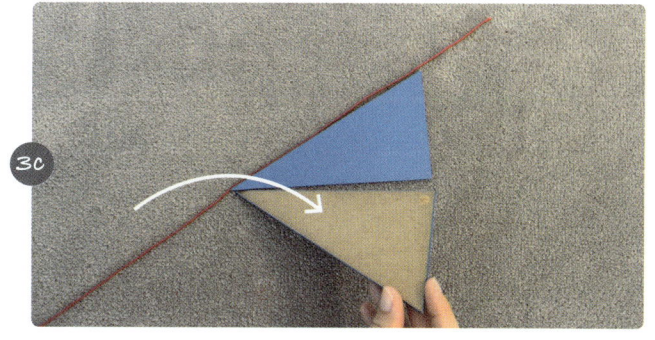

… über die Verschiebelinie kippen.

Es entsteht ein gleichseitiges Dreieck.

> Zu Beginn ist es sehr hilfreich,
> wenn die Verschieblinie mit einem roten Faden
> gekennzeichnet wird.

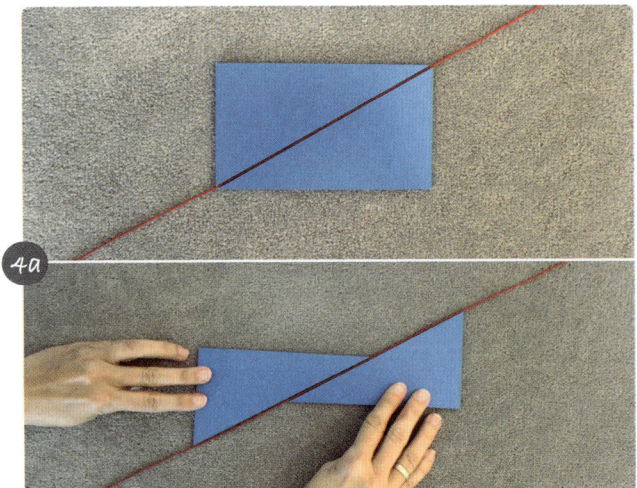

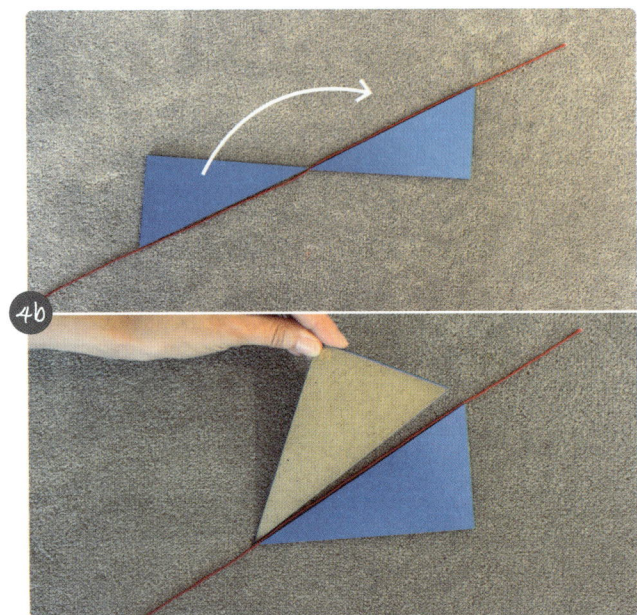

Verschieben bis zur Spitze und …

… entlang der Verschiebelinie kippen.

Es entsteht ein Deltoid.

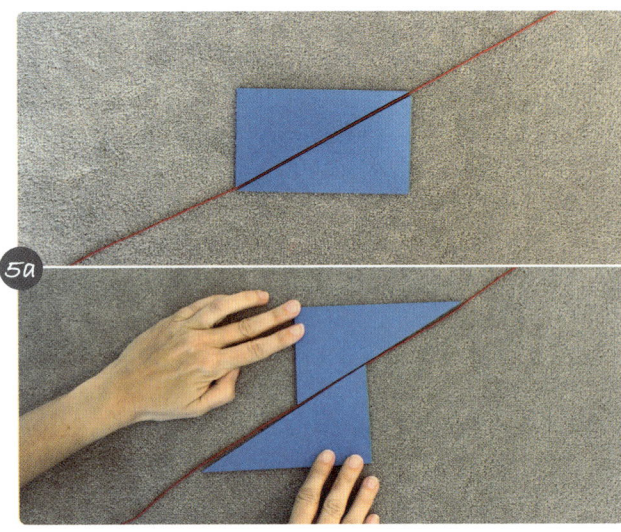

Verschieben bis zur Spitze und …

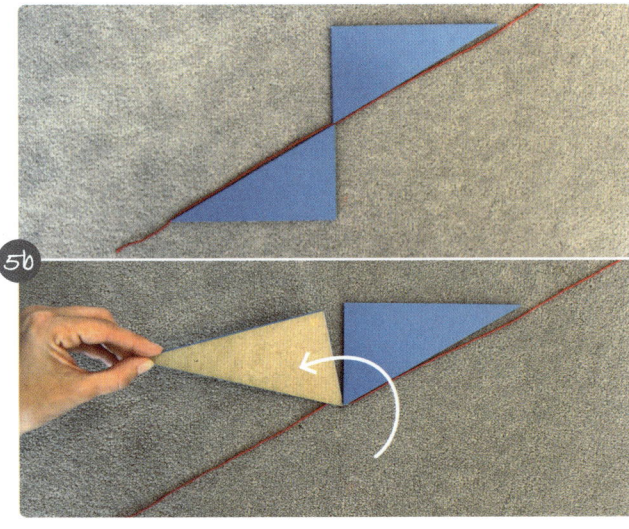

… über die Verschiebelinie kippen.

Es entsteht ein gleichschenkeliges, stumpfwinkeliges Dreieck.

Auf gleiche Weise können die anderen Vierecke untersucht werden.

Möglichkeiten

Großes Parallelogramm

wird

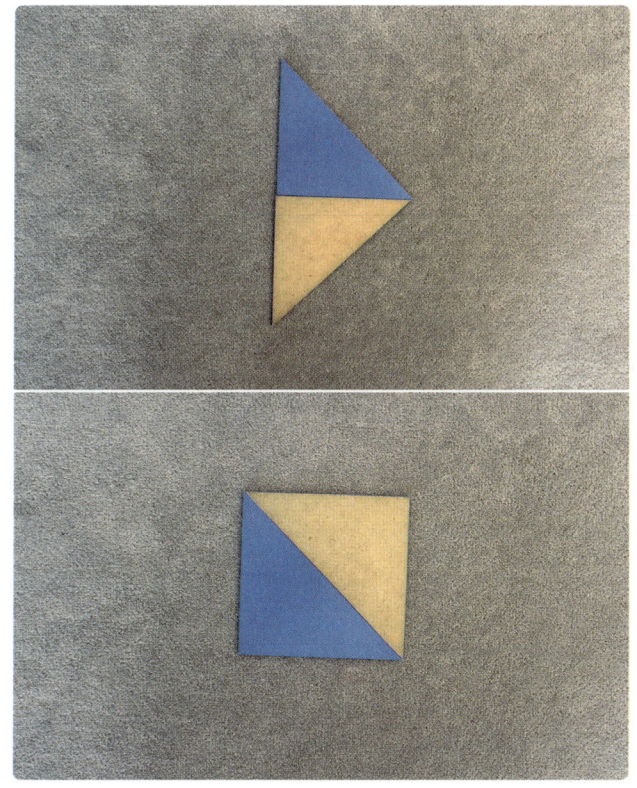

Großes Quadrat

wird

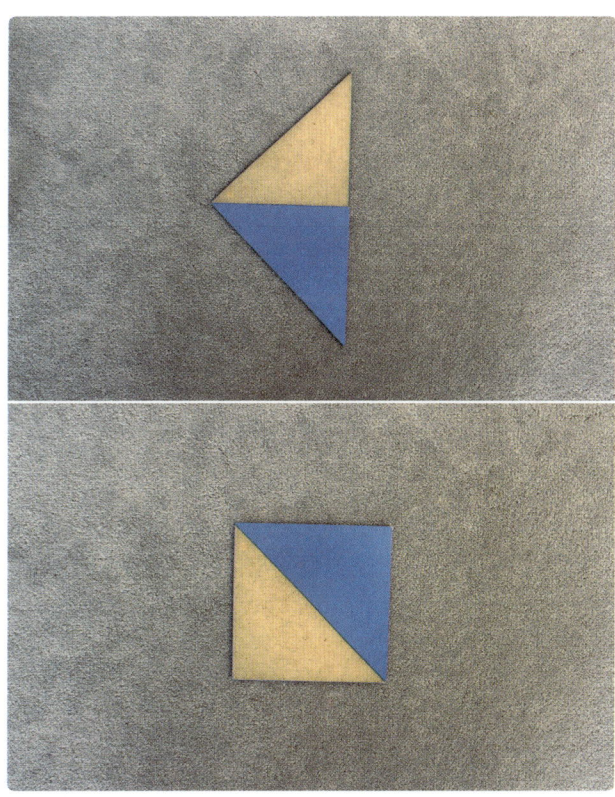

Raute

wird

Trapez

wird

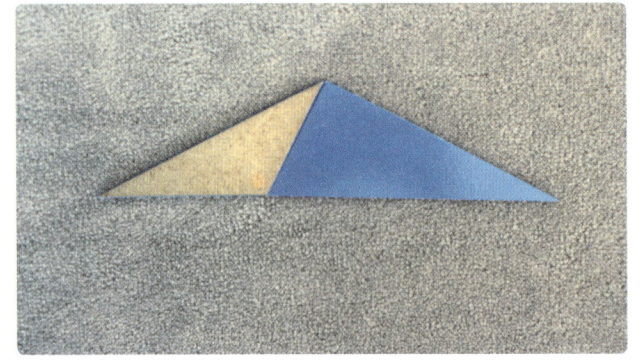

Kleines Parallelogramm (wie das grüne)

wird

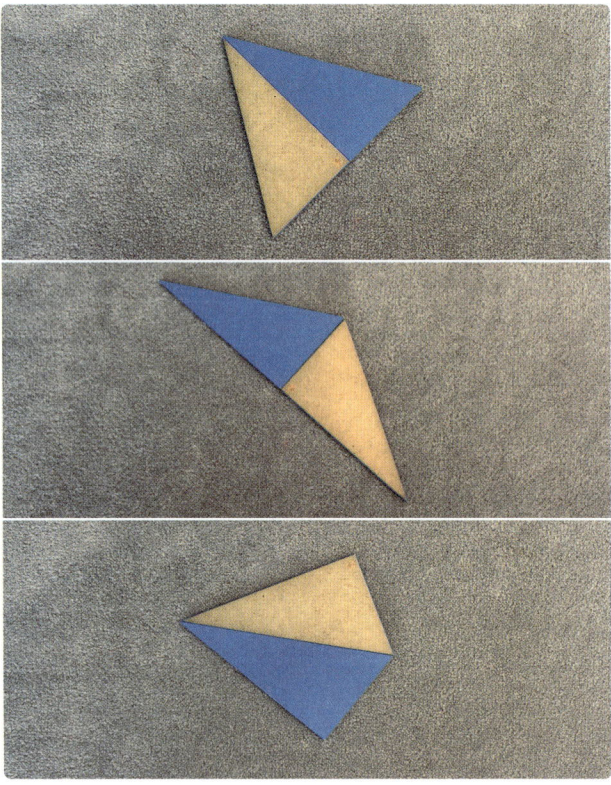

Kleines Parallelogramm (wie das gelbe)

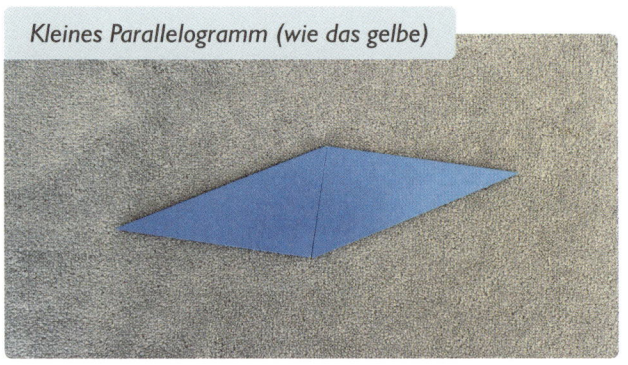

wird

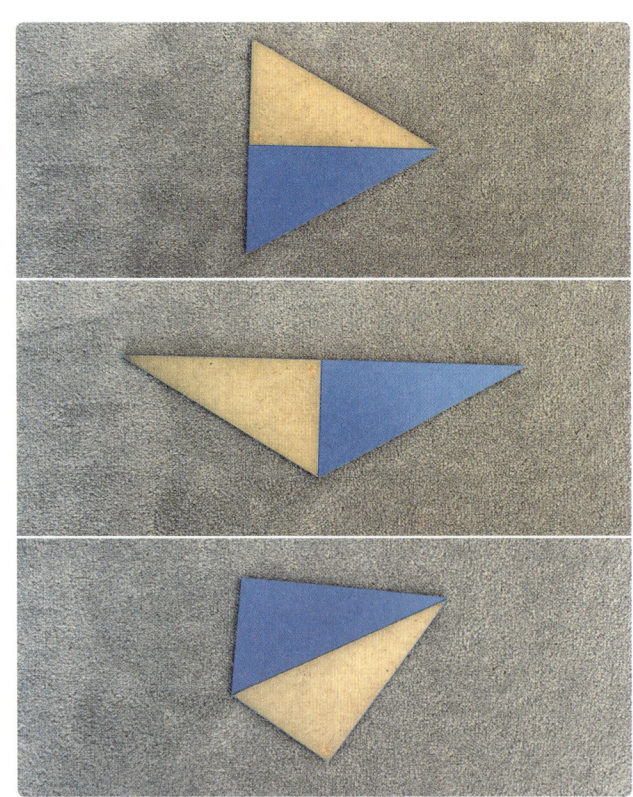

4. Dreieckiger Kasten

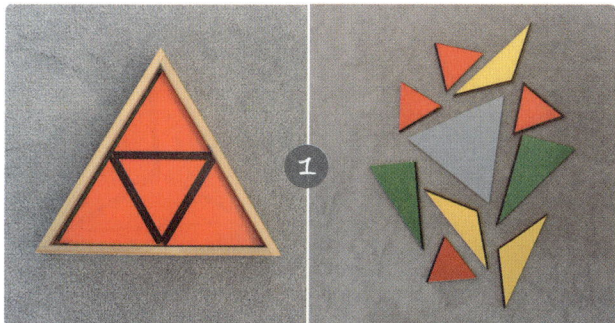

Dreiecke ungeordnet auslegen.

Ordnen nach Farbe.

Ordnen nach Form.

Die gleichen Dreiecke an den schwarzen Linien zusammenschieben.

Mit dem grauen Dreieck der Reihe nach die anderen abdecken und erkennen, dass alle gleich groß sind.

Entdecken, dass aus den vier gleichseitigen Dreiecken ein großes, gleichseitiges Dreieck gebaut werden kann.

Was in dem großen Dreieck noch drinnen steckt:

5. Großer sechseckiger Kasten

Großer sechseckiger Kasten.

Nach Form ordnen.

Im Sechseck das große Dreieck durch drei kleinere ersetzen.

Dreiecke ungeordnet auslegen.

Die Dreiecke mit den gleichen Farben an den schwarzen Linien zusammenfügen.

Wie oft passt die rote Raute in das Sechseck?

Nach Farbe ordnen.

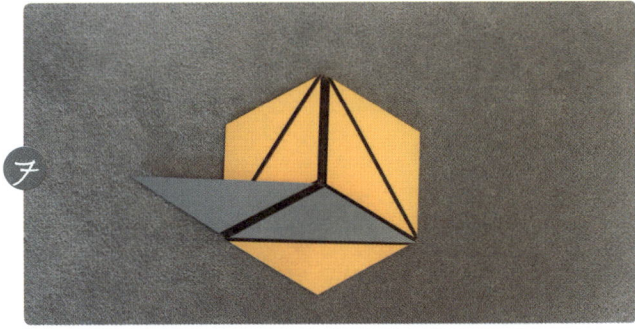

Wie oft passt die graue Raute auf das Sechseck?

Damit die graue Raute passend auf das Sechseck gelegt werden kann, muss sie zuvor umgeformt werden.

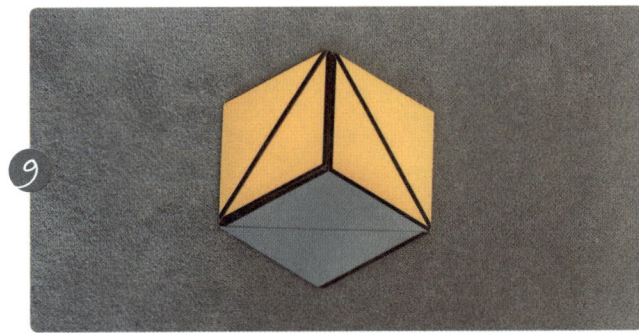

Nun passt auch die graue Raute dreimal in das Sechseck.

Notizen:

6. Kleiner sechseckiger Kasten

Dreiecke ungeordnet auslegen.

Ordnen nach Farbe.

Nach Form ordnen.

Die gleichfarbigen Dreiecke an den schwarzen Linien zusammenfügen. Es entstehen neue Figuren.

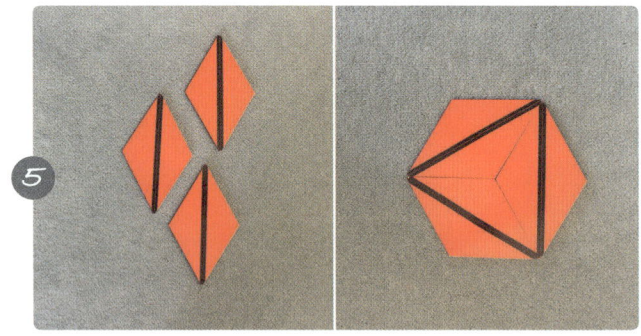

Zusammen bilden diese drei Rauten auch ein Sechseck.

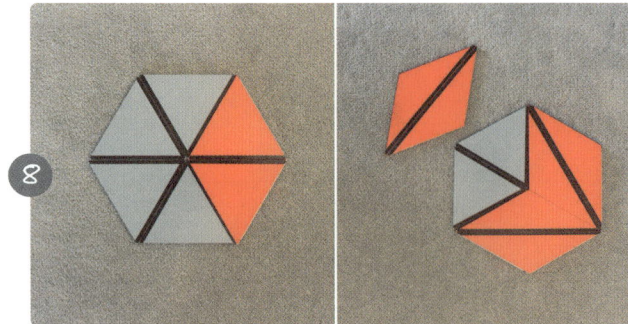

In den nächsten Schritten untersuchen wir, wie oft die kleineren Figuren in das Sechseck passen.

Das Trapez zweimal.

Die Raute dreimal.

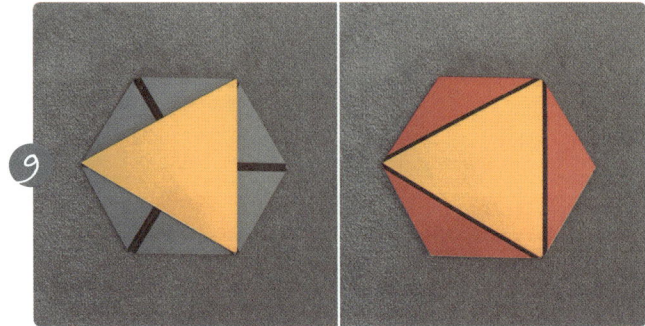

In das graue Sechseck passen das große, gleichseitige und drei kleine, gleichschenkelige Dreiecke.

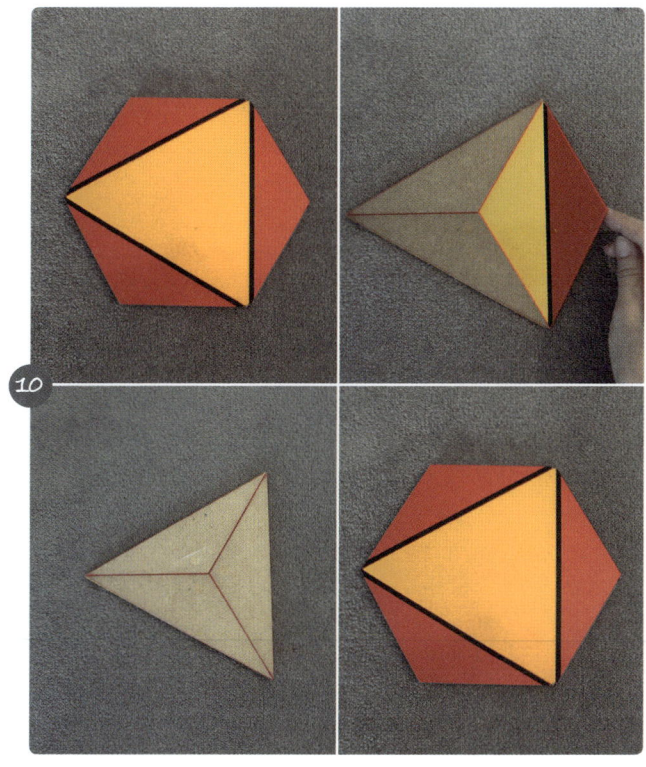

10

11

Durch Klappen verändern.

Einsicht:
Das Sechseck ist doppelt so groß wie das gelbe Dreieck.

Die Lust am Bauen wecken.

Notizen:

7. Formen, Körper und geometrische Strukturen
7.5 Der Binomische Würfel

Der Binomische Würfel ist die **Materialisierung** einer **Formel**.

Für das Kinderhauskind ist der Binomische Würfel vorerst nichts anderes als ein dreidimensionales Puzzle.

Die Regel für das Bauen möglichst ohne Worte zeigen: **Flächen, die sich berühren, müssen in Farbe und Größe übereinstimmen.**

Beginn der zweiten Ebene.

Ausräumen und ordnen.

Erste Ebene ist fertig.

Der Binomische Würfel ist fertig.

Hintergrundwissen zum Binomischen Quadrat und zum Binomischen Würfel

Das binomische Quadrat:
$$(a + b)^2 = a^2 + 2ab + b^2$$

Diese Formel hat sich in das Gedächtnis unzähliger Schülerinnen und Schüler eingebrannt, leider bei vielen ohne je zu begreifen, welche Bedeutung dahinterstehen könnte.

**Hier eine Möglichkeit,
die Abstraktion (a+b)² greifbar zu machen:**

1 *Zeichne mit der Strecke **a** ein Quadrat.
Seine Fläche ist a · a.*

a

a | $a \cdot a = a^2$

Der Name *Binomisches (zweinamiges) Quadrat* kommt von den zwei Teilstrecken (a und b) der Seiten.

2 Verflixt, das **a** ist zu kurz geraten. Ich stückle noch etwas dran. Nennen wir das Stückchen **b**. Verlängere **a** um das Stückchen **b**.

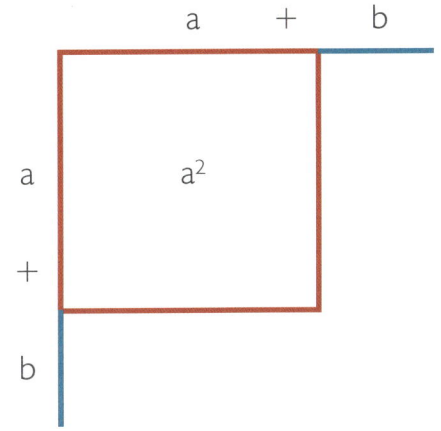

3 Vervollständige a + b zum Quadrat.

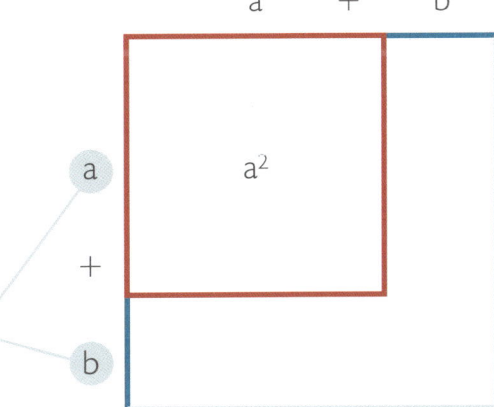

4 Das Quadrat ist ein ordentliches Stück größer geworden. Versuche den dazugekommenen Winkel in Teilflächen aufzuteilen.

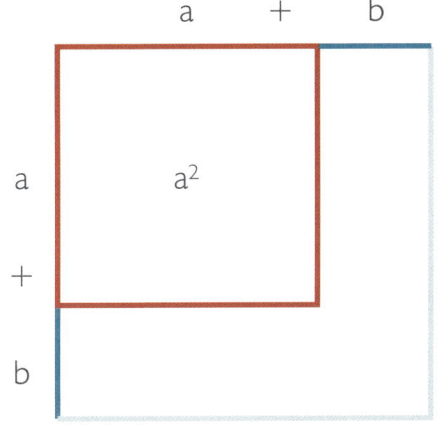

5 Das Quadrat mit den Seiten (a +b) hat nun vier Teilflächen. Es sind zwei Quadrate a² und b² und zwei Rechtecke a · b und b · a.
$$(a + b)^2 = a^2 + 2ab + b^2$$

Der Binomische Würfel

$$(a + b)^3 = a^3 + 3a^2b + 3b^2a + b^3$$

Wenn hinter $(a+b)^2$ als Materialisierung ein **Quadrat** steht, das sich aus Teilflächen zusammensetzt, so lässt sich hinter $(a+b)^3$ als Materialisierung ein **Würfel** denken, der aus Teilkörpern besteht.

$(a + b) \cdot (a + b)$ → **Quadrat**

$(a + b) \cdot (a + b) \cdot (a + b)$ → **Würfel**

Die Teile des binomischen Würfels:

a^3 = ein Würfel mit der Seitenlänge a
$3a^2b$ = drei Quader mit der Grundfäche a^2 und der Höhe b
$3b^2a$ = drei Quader mit der Grundfäche b^2 und der Höhe a
b^3 = ein Würfel mit der Seitenlänge b

$(a + b)$
$(a + b)$
$(a + b)$
$(a + b)$

a^2 $a \cdot b$

$a \cdot b$ b^2

Binomischer Würfel

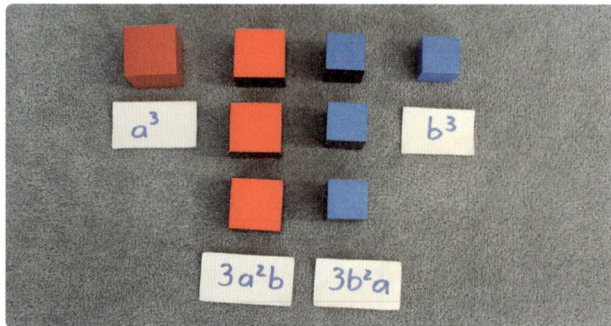

Teilkörper des Binomischen Würfels

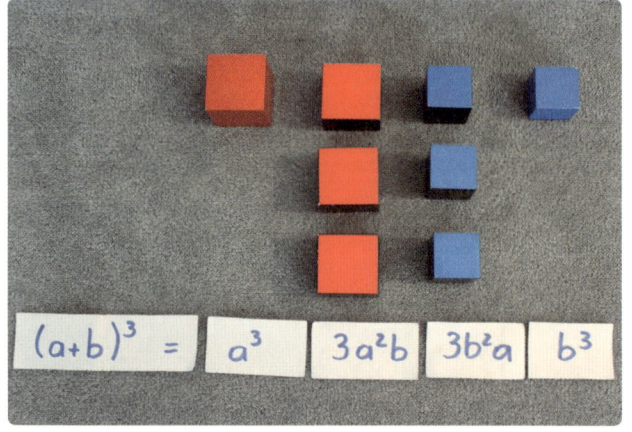

Die materialisierte Binomische Formel

7. Formen, Körper und geometrische Strukturen
7.6 Der Trinomische Würfel

Die Regel für das Bauen zeigen:

Flächen, die sich berühren, müssen in Farbe und Größe übereinstimmen.

Für gewöhnlich beginnt man die erste Ebene mit dem roten, die zweite mit dem blauen und die dritte mit dem gelben Würfel.
Dieses Raumpuzzle funktioniert aber auch, wenn mit einem beliebigen Körper begonnen wird.
Ausschlaggebend ist, dass die Bauregel eingehalten wird.

Das Kind erlebt den Trinomischen Würfel wie ein dreidimensionales Puzzle.

Ausräumen und ordnen.

Erste Ebene

Zweite Ebene

Dritte Ebene - fertig!

horizontal

vertikal

Notizen:

Auch der Trinomische Würfel ist die *Materialisierung* einer *Formel.*

Er ist eine materialisierte Abstraktion.

Hintergrundwissen zum Trinomischen Quadrat und zum Trinomischen Würfel

Das Trinomische Quadrat:

$$(a + b + c)^2 =$$
$$a^2 + 2ab + b^2 + 2ac + c^2 + 2bc$$

Was spricht dagegen,
die Seiten des Binomischen Quadrates **(a + b)**
noch um ein weiteres Stück **c** zu verlängern?

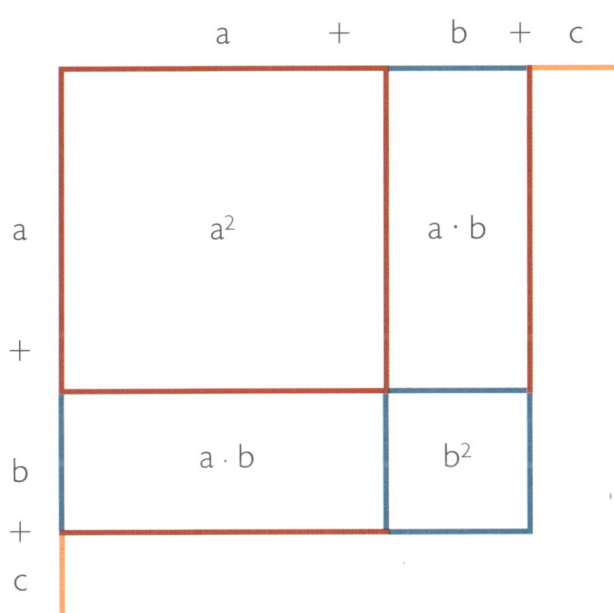

Sicher wollen Sie das Quadrat (a + b+ c)
selbst fertig zeichnen und die hinzugenommenen
Flächen benennen.

Der Trinomische Würfel (a + b + c)³

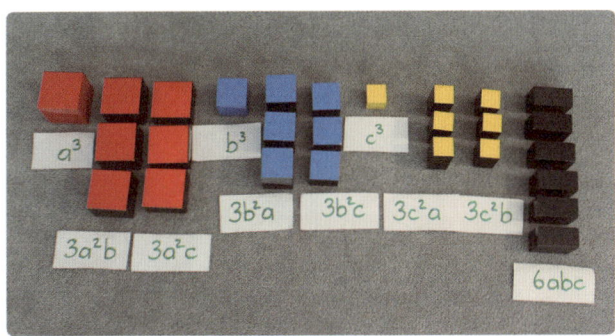

Die Teilkörper des Trinomischen Würfels

Die Trinomische Formel

Die Teile des trinomischen Würfels:

a^3 = ein Würfel mit der Seitenlänge a

$3\,a^2 b$ = _____

_____

$3\,a^2 c$ = _____

b^3 = _____

$3b^2 a$ = _____

_____

$3b^2 c$ = _____

_____

c^3 = _____

_____

$3c^2 a$ = _____

_____

$3c^2 b$ = _____

_____

$6abc$ = _____

_____

8. Druck
8.1 Druckzylinder

Drückt das Kind auf einen Zylinderknopf, so hat es eine Empfindung, die zwei Aspekte umfasst.
Ein Aspekt ist der Widerstand der Feder. Es spürt, dass im Zylinder etwas ist, das stark bzw. schwach ist.
Der andere Aspekt ist die Muskelspannung, die es aufwendet. Es spürt, dass es fest bzw. leicht niederdrücken muss.

Da bei allen bisherigen Sinnesmaterialien die Eigenschaft eines Objektes (Größe, Farbe, Gewicht, …) Gegenstand der Namenlektion war, ist es folgerichtig, wenn auch bei den Druckzylindern die Stärke der Feder und nicht die Muskelarbeit benannt wird.

Die Druckzylinder und die Geräuschdosen sind von der inneren Struktur her identisch:

· Zwei Serien zu je sechs Zylindern.

· Gleiche Eigenschaft bei je einem Paar.

· Regelmäßige Abstufung der Eigenschaft.

Ziel:

Verfeinerung der Wahrnehmung von Druckwiderständen bzw. von Druckintensität. Wichtig beim Schreiben, Instrumente Spielen, Streicheln, …

Begriffspaar: stark – schwach

I. Paaren

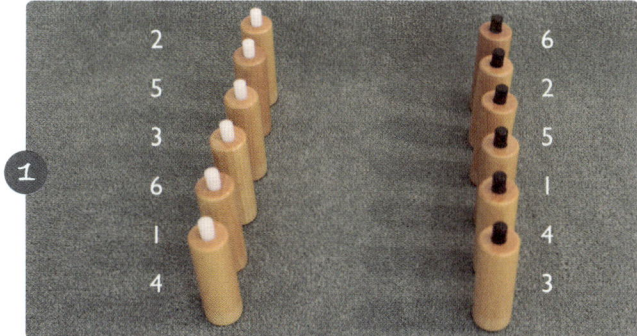

Leiterin zeigt, wie der Zylinder richtig gehalten wird.

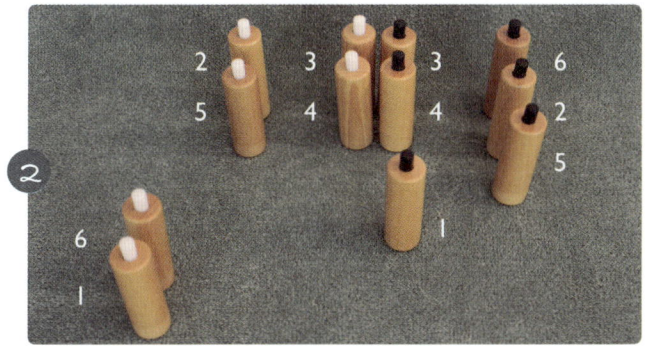

Dann systematisches Vorgehen beim Paaren.

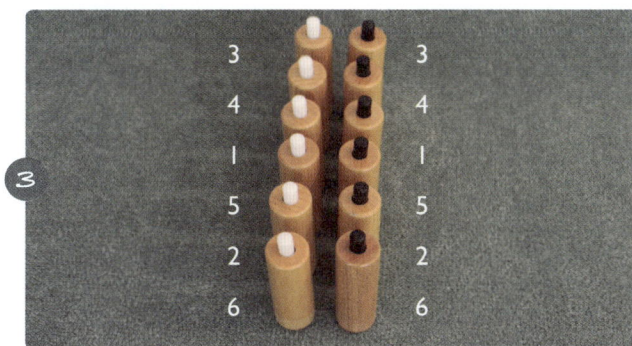

Die Übung ist beendet, wenn alle Paare gefunden sind.

Gedächtnisübung:

Beide Serien werden in größerem Abstand voneinander aufgestellt. Das Kind drückt einen Zylinder, stellt ihn wieder ab, geht dann zur anderen Serie und versucht dort den gleichen zu finden. Das geht so lange, bis alle Paare gefunden sind.

Graduierung – einfacherer Einstieg durch größeren Unterschied:

2   6   4

1   3   5

Es werden nur drei Zylinder verwendet (1 - 3 - 5 oder 2 – 4 – 6).

---

2. Graduieren

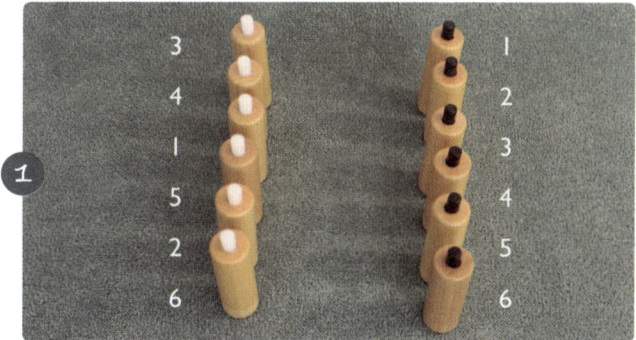

Aus der Unordnung heraus graduiert die Leiterin aufsteigend oder abfallend.

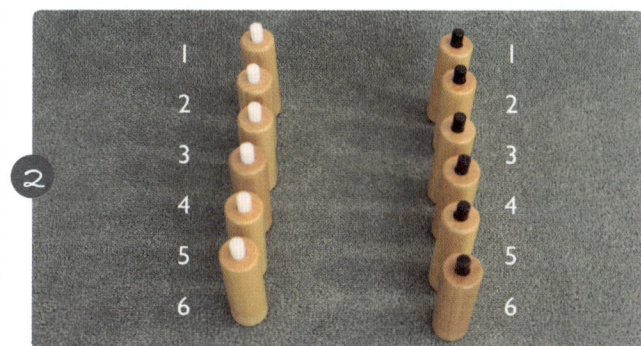

Dann graduiert das Kind.

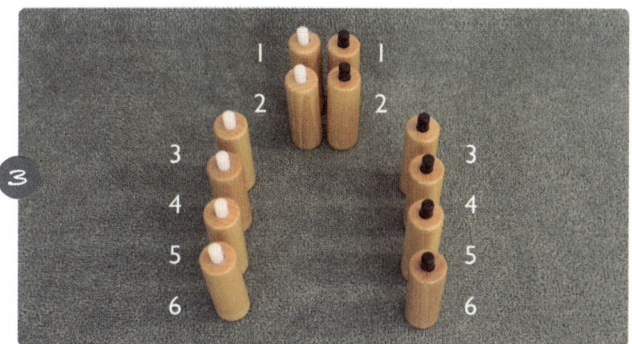

Kontrolle durch paaren.

3. Disharmonie

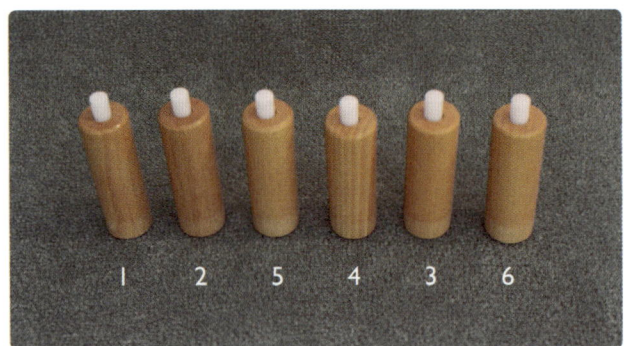

Fällt dir etwas auf?

4. Wortlektionen

Unterschied: stark - schwach

1. Stufe - Benennen

Die Leiterin graduiert die Zylinder und nimmt dann die beiden mit dem größten Unterschied, drückt erst auf die Feder des einen und dann auf die Feder des anderen und spricht: „Von diesen beiden (Metallfedern) ist die stark und die schwach."

2. Stufe – Name und Objekt durch Handlung miteinander verknüpfen

„Probiere beide aus und zeig mir die (Feder), die stark ist."
Kind drückt und zeigt.
„Zeig mir die, die schwach ist."
Kind drückt und zeigt.

3. Stufe – Kind benennt

Leiterin mischt die Zylinder, zeigt dann auf einen und fragt:
„Wie ist die?" – Kind probiert. – „ Stark."
„Wie ist die?" – Kind probiert. – „Schwach."

4. Anwendung

· Leiterin mischt die Zylinder und fordert das Kind auf, einen mit einer starken und einen mit einer schwachen Feder herauszusuchen.

· Leiterin drückt dem Kind die Hand nach unten und fordert es auf, stark/schwach dagegen zu halten.

· Leiterin lässt sich die Hand vom Kind nach unten drücken und fragt, wie sie dagegen gehalten hat.

· Leiterin fordert das Kind auf, Dinge im Raum zu finden, die es beim Gebrauch drücken muss (z.B. Türklinke, Wasserhahn, Stift, Schere, ...).

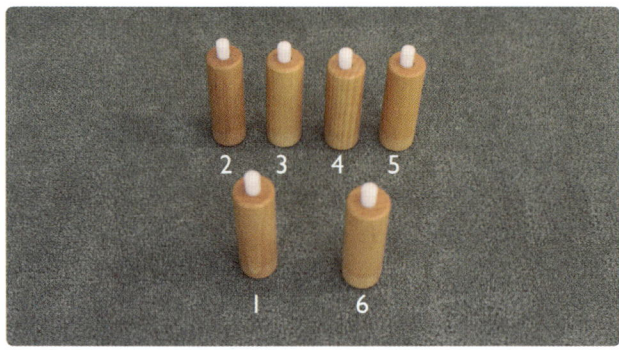

Steigerung:

stark – stärker - am stärksten
schwach – schwächer –am schwächsten

Da bei jedem Schritt die Zylinder gedrückt werden müssen, gestaltet sich der Ablauf dieser Wortlektion eher aufwendig und es ist daher sinnvoll, die Struktur der Steigerung bei anderen Materialien einzuüben.

Extreme: die stärkste - die schwächste

1. Stufe – Benennen

Die Leiterin graduiert die Zylinder von 6 bis 1
und drückt dann nochmals auf 6.
Sie spricht: „Von diesen ist das die stärkste."
Dann drückt sie 1 und spricht,
„Von diesen ist das die schwächste."
Während sie spricht, rückt sie beide Zylinder
ein wenig von der Reihe ab.

2. Stufe – Name und Objekt durch Handlung miteinander verknüpfen

Leiterin: „Drücke die stärkste."
Leiterin: „Drücke die schwächste."

3. Stufe - Kind benennt

Leiterin zeigt auf 1 und dann auf 6 und fragt:
„Welche ist das? – „Die stärkste."
„Welche ist das? – „Die schwächste."

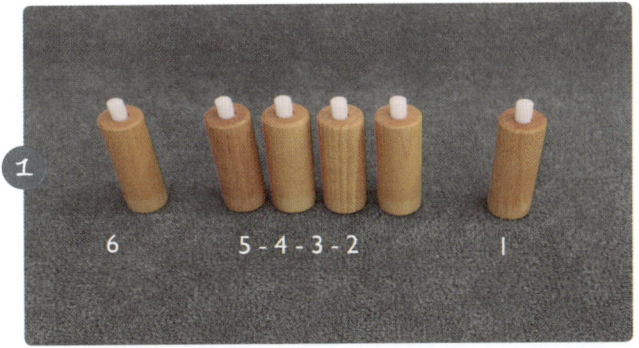

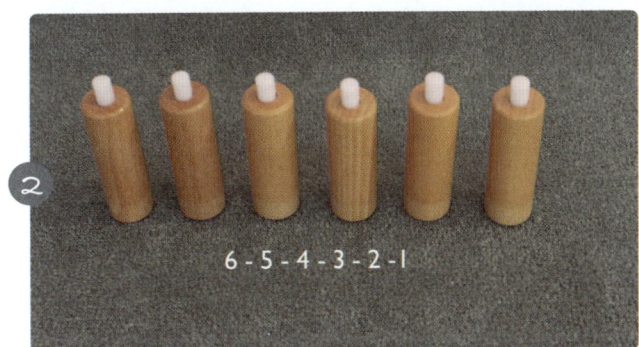

Relation in der Reihe: fester als – leichter als

1. Stufe – Benennen

Die Leiterin drückt auf 6 - 5 und dann 4,
dazu spricht sie:
„Diese beiden (6 - 5) sind stärker als diese (4)."
Anschließend drückt sie auf 3 - 2 - 1 und dann auf 4,
und spricht:
„Diese (3 – 2 - 1) sind schwächer als diese (4)."

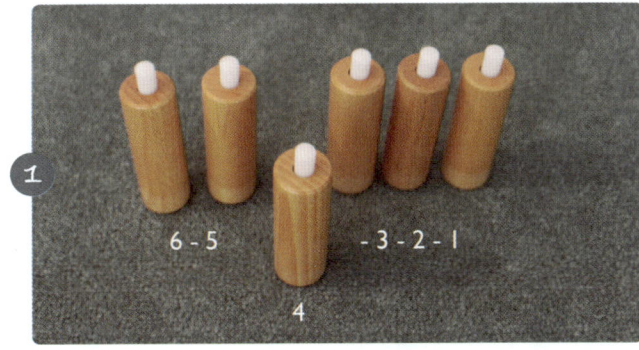

2. Stufe – Name und Objekt durch Handlung miteinander verknüpfen

Leiterin zeigt auf 4 und fragt:
„Drücke eine, die schwächer ist als diese."
„Drücke eine, die stärker ist als diese."

3. Stufe - Kind benennt

Leiterin zeigt auf 6 - 5 und dann 4, dabei fragt sie:
„Wie sind die?" – Kind: „Stärker als diese."
Leiterin zeigt auf 3 – 2 - 1- und dann 4 und fragt dazu:
„Wie sind die?" – Kind: „Schwächer als diese."